"七五"普法系列丛书

名家说名案

1

◉ 名家说名案编委会 编著

北京日报出版社

图书在版编目(CIP)数据

名家说名案.1/名家说名案编委会编著.
北京:北京日报出版社,2016.4
ISBN 978-7-5477-1922-0

Ⅰ.①名… Ⅱ.①名… Ⅲ.①案例－汇编－中国
Ⅳ.①D920.5

中国版本图书馆CIP数据核字(2015)第278154号

名家说名案①

出版发行：北京日报出版社
地　　址：北京市东城区东单三条8-16号东方广场东配楼四层
邮　　编：100005
电　　话：发行部：(010)65255876
　　　　　总编室：(010)65252135-8043
印　　刷：廊坊飞腾印刷包装有限公司
经　　销：各地新华书店
版　　次：2016年4月第1版
　　　　　2016年6月第2次印刷
开　　本：170毫米×240毫米　　1/16
印　　张：16.25
字　　数：300千字
定　　价：29.00元

版权所有，侵权必究，未经许可，不得转载

《名家说名案①》编委会

主　编：邹凤学

副主编：赵小鲁、马建洪、许德蛟

编委会委员：尚志勇、屈　炜、李　伟

　　　　　　马玉芬、袁　慧、刘　强

序 言
Preface

《名家说名案①》是北京日报出版社出版的系列法律丛书的第一辑。其特点是以剖析具体案件为形式进行普法宣传。

1983年，我从中国人民大学法律系毕业以后，曾在北京市委党校执教五年，授课对象是北京市和中央驻京机关的各级党政干部。那时，我摸索出了"举案说法"的教学方法，深受广大学员欢迎。2001年以后，我受北京律师协会委托，连续13年对北京市年轻律师进行培训，举案说法也是我这13年来经常采用的非常有效的授课形式。如此普法宣传，通过剖析一个案例，介绍相关法律知识，使读者可以获得更深刻的印象和感受。"七五"普法系列丛书的主编邹凤学正是基于上述共识，特与我和我的团队合作出版了《名家说名案①》。

我和我的律师团队长年和北京多家媒体合作，配合普法宣传，先后就社会舆论广泛关注的近百个经典案例提供法律意见。本书是将我们过去数年做过报道的70多个经典案例和我们提供的法律意见搜集整理，着重于普法宣传，所涉及的所有案例都是在实际生活中发生并且最终经法院判决的经典案例。每一个案例的分析都力求符合普法要求。

在主编邹凤学先生主持下，我们成立了名家说名案编委会。邹凤学先生任主编，我本人和马建洪律师、许德蛟律师担任副主编。尚志勇律师、屈炜律师、李伟律师、马玉芬律师、袁慧律师、刘强律师担任编委，并分别作为相关案例的撰稿人。每一个案例都在我本人主持下做了反复集体研究，务求使之既不失法律本意，也保留普法宣传的特色。

本书的编辑过程，对我们每一个作者而言都是一次难得的锻炼和提高。以浅显的语言阐述深刻的道理，也是我们重新学习、思考、凝练、提高的过程。由于报刊宣传的案例取自媒体新闻视角，因此，凡在报道中做比较肯定描述的事实，我们都假定这些事实，有充分证据加以证明，并经过生效法律文书加以认定。因此，本书中给出的案例和案例后的"律师解读"仍有本质不同，前者是通过分析案例的形式进行普法宣传，而后者则是依据法律和以证据加以证明的事实，提供解决问题的法律意见。

再说几句书外的话。一小群律师在繁忙的工作之中，历经数年，不辞辛苦，对媒体报道的案例详加剖析，一心为了传播法律知识。所为何来？个人感悟，十八大关于全面推进依法治国基本方略，为中国加快民主法治进程吹响了号角。但中国要达依法治国之境界，仅有立法执法是不够的，还要有守法。守法的内容，一是老百姓要守法，二是执法者要守法。百姓守法，还要懂得利用法律维护自己的合法权益。我们律师的职业价值观，就是追求和实现公平正义。律师源自职责要求，要自觉宣传法律，普及法律知识。学习法律的最高境界，是形成法律良心。一个法律工作者，毕生追求公平正义，百折不挠，志向不改，就在于心中有一盏法律明灯，一盏法律良心的明灯。

我常常以中国佛学禅宗"一花五叶"的传灯事迹自励。正是自达摩东渡，面壁九年，不屈不挠，传灯二祖慧可，"立雪断臂"得法，又传三祖僧璨、四祖道信、五祖弘忍，终至六祖慧能，历尽艰辛，东逃西躲，命如游丝，弘法不改，使禅宗一门，"一花五叶"，传播中华大地，成为中华文明之瑰宝。

中国从两千年封建社会，百余年半殖民地半封建社会，要走向现代民主法治社会，需要数代人、数十年艰苦卓绝努力。法律良心的心灯，需要一代一代传下去。这就是我们律师的传灯事业。我在花甲之年曾作小诗明志，其中两句是："东篱可怡情，桑榆志传灯。"

这本小书，犹如传灯事业一小步。我们期待着广大读者因读到这本小书，而参加到我们的传灯事业中来。

本书创意源于邹凤学先生的提议。他对本书作者有长期了解，并对本书的指导思想、受众定位、文体模式，提出了周详独到的意见，对本书最终出版给予极大帮助。本书作为普法园地的一朵小花，希望能起到些微作用。

以上，是为序。

北京市赵晓鲁律师事务所主任/首席合伙人

赵小鲁律师

2014年8月15日

赵小鲁律师简介

简要经历和专业：

赵小鲁律师，1983年毕业于中国人民大学法律系，法学士，中共党员，北京市第11届政协委员，第12届政协委员（特邀）。在工厂工作10年；在大学执教5年；奉调司法部派驻香港工作2年；在英国留学1年；从事律师职业（包括兼职律师和专职律师）30年。在商务诉讼、国际仲裁、投融资、保险法和担任大型企业法律顾问方面，积累了丰富实务经验，尤以运用综合手段处理重大复杂商务纠纷最为擅长。执业30年来，先后承办各类重大商务法律事务近500件，主持讨论各类案件3000余件，无一例工作失误。

社会职务：

1995年至1999年，担任"司法部律师资格审查委员会"委员、"司法部《律师法》起草修改小组"成员、全国律师协会常务理事、《中国律师》杂志编委会副主任、北京市律师协会副会长和《北京律师》杂志编委会副主任。1998年奉调司法部派驻香港工作，担任中国（香港）法律律师事务所合伙人；受聘为北京市人大立法咨询专家；北京市纪检委、监察局法律顾问；北京市安全生产监督管理局法律顾问；北京市经信委中小企业立法专家；并受聘为第一届、第二届北京市民间组织国际交流协会监事长、（外交部）国际战略问题研究基金会首席法律顾问；中国中共党史人物研究会井冈人物研究分会暨井冈红军后代授课团法律顾问。

赵小鲁律师先后担任北京第四届律协副会长，第七届律协和第八届律协监事会监事长，第六、七、八、九届律协党委委员（2001年至今）；2008年～2012年，担任北京市第十一届政协提案委委员；2012年，担任北京市第十二届政协提案委委员（特邀）；担任北京律师协会顾问（2013年至今）、北京律师业余党校常务副校长（2012年至今）。

文章专著：

赵小鲁律师多年撰写有关法学理论和律师实务文章300余万字。赵小鲁律师撰写的《英国司法制度的几点启示》、《关于全面提高律师修养的几个问题》、《当代律师应当具备的基本素质》、《论律师的专业精神》、《年轻律师开拓市场的基本原则和方法》、《合伙制所组建初期应当注意的若干问题》、《律师谈判技巧》、《律师辩论技巧》、《防范律师执业风险浅说》、《律师代理国际仲裁案件的基本技巧》、《经济诉讼要诀十三则》、《律师十诫》、《律师"心法"50问》、《社会主义法治理念和年轻律师成长之道》等文章，在业内有广泛影响。55万字专著《中国律师体制改革思考录》（1989～2007）由中国青年出版社出版。67万字专著《社会主义法治理念百问刍议——我的社会法学观》（2006～2012），由中国书籍出版社出版。《律师心法百问刍议》（上中下，70万字）已经完成初稿。《中国特色社会主义律师政治学》（80万字），已经完成初稿。

部分经典案例：

1. 代理海南机场迁址改建股权纠纷案，涉及标的额24亿元；

2. 代理美国某公司与新兴公司石材国际贸易纠纷仲裁案，涉及标的额达3亿元；

3. 代理四川明日集团与中国协和医科大学合作建房纠纷案，涉及标的额2.7亿元；

4. 代理中钢集团与建设银行担保合同纠纷案，涉及标的额3亿元；

5. 代理北辰集团与某别墅业主拆迁补偿纠纷案,涉及标的额2亿元;

6. 代理中国西部地区首例利用国际贷款引进成套设备合同纠纷仲裁案;涉及标的额1亿元;

7. 代理多起大中型项目的投、融资的法律事务,累计投融资40亿元以上;

8. 代理多起涉及银行、金融方面的合同纠纷诉讼案件;

9. 1998年至2000年,代理中国银行香港分行处理多起内地投资法律事务;

10. 代理邓某某被加拿大移民局首例遣返案;

11. 代理武汉市政法委书记杨某某贪污受贿案;

12. 受聘"世界华商金融中心"项目首席法律顾问,计划投资第一期300亿元。

为政府解决重大疑难案件和提供专项法律服务:

1. 赵小鲁律师执业30年来,业务专长为:商务诉讼、国际仲裁、投融资方案策划和为大中型企业担任法律顾问,为政府部门担任法律顾问;

2. 赵小鲁律师常年从事投融资业务,成绩斐然。多年担任中国银行总行法律顾问;中国银行香港分行在内地投资法律顾问;北京市保险行业协会法律顾问;人民银行《高级金融培训班》主讲《金融法律风险防范》专题讲座。赵小鲁律师有和港台投资界和欧美华人侨领界的良好人脉关系。

3. 赵小鲁律师自1996年起,曾多次参与中央关于重要、敏感案件的研究工作;曾多次提出解决重点敏感案件的律师建议,均为中央和政府有关部门采纳;

4. 2007年4月,赵小鲁律师受北京市律师协会委托,参与中央关于全国"重信重访"工作调研。赵小鲁律师写了《我国信访工作的现状、问题和建议》一文,受到中央领导同志高度评价,所提出的建议内容全部为中央所采纳,并体现在中共中央文件中。赵小鲁律师并受到中央有关领导部门书面表彰。

现任职:

北京市赵晓鲁律师事务所主任、首席合伙人
北京市第十二届政协提案委委员(特邀)
北京市律协党委委员
北京律师业余党校常务副校长

北京市律师协会顾问

北京市人大常委会立法咨询专家

北京市经信委特聘法律专家

北京市民间组织国际交流协会监事长

香港张氏宗亲会中国大陆法律事务首席顾问

（外交部）中国国际问题研究会首席法律顾问

中国中共党史人物研究会井冈人物研究分会暨井冈红军后代授课团法律顾问

联系方式：

北京市赵晓鲁律师事务所

网址：www.zhaoxiaolu.com.cn

电话：（86）010-68188838

传真：（86）010-68198838

邮箱：land_zhao@sina.com

地址：北京市海淀区复兴路甲36号百朗园A2段1915室

马玉芬律师简介

姓名： 马玉芬

职位： 专职律师

业务专长： 英文合同审阅

电话： 010-68181338转8018

传真： 010-68189838

Email： mayufenlawyer@sina.com

简介：

姓名：马玉芬；学历：硕士；毕业院校：四川大学；职务：律师；执业证号：11101200811194432；中共党员；工作语言：中文、英文。

2007年毕业后，师从赵小鲁律师，在北京市赵晓鲁律师事务所工作至今，拥有7年的诉讼经验，处理过多起民商事纠纷，并担任多家政府、社会组织及公司的法律顾问，工作认真负责，深得当事人的信任。

工作业绩：

1. 代理西班牙某公司与陕西某草业集团之间关于合同无效的国际仲裁案件；
2. 为香港鸿景置业公司与深圳国源公司在香港的诉讼出具法律意见；
3. 代理北京泰博房地产公司与北京商业资产管理公司关于土地使用权纠纷案件的再审；
4. 代理宏成电脑与国源证券的合同纠纷案件的最高院申诉；
5. 参与韩国乐天百货在中国收购大型超市的法律服务工作；
6. 为韩国KBS与北京铭阳益海展览公司之前合作韩流项目及3D美术展览馆

提供法律服务；

7. 为中国野生动物保护中心与英国某基金公司关于野化华南虎项目提供法律服务；

8. 为北京市交通管理局与北京筑邦建设有限责任公司因交警博物馆事宜产生的纠纷提供法律服务；

9. 参与北京某少儿图书公司与陕西某出版公司之间关于收购的商务谈判并草拟收购合同；

10. 参与北京某科技有限公司与天然速效生化科技研发制药（股）公司关于新产品合作事宜的商务谈判；

11. 代理两起北京某公司与东方家园建材商业公司之间的合同纠纷案件；

12. 代理平谷能源中心与芮久合之间的合作建房纠纷案；

13. 代理美国肖女士在中国的遗嘱继承纠纷案件；

14. 代理江苏一建装饰装修公司与北京铭阳益海之间的装修合同纠纷；

15. 代理燕郊王某某与北京某店面之间的装修合同纠纷案；

16. 网络删帖案件中担任犯罪嫌疑人姜雯耀的辩护人，并成功办理了取保候审事宜；

17. 承办北京某典当行股权转让法律事务及借款质押法律事务；

18. 办理的其他诉讼案件。

法律顾问单位：

1. 北京市公安局交通管理局
2. 北京市红十字基金会
3. 北京市工业经济联合会
4. 北京铭阳益海展览有限公司
5. 梅菲特（北京）涂料有限公司（外商独资企业）
6. 思八达集团
7. 北京泰博房地产开发公司
8. 北京宝典典当行有限公司
9. 北京女医师协会

李伟律师简介

姓名：李 伟
职位：专职律师
业务专长：企业（公司）诉讼业务和非诉业务
电话：13693162297
传真：010-68188838
Email：liwei2297@163.com

简介：

李伟律师，北京大学法学学士，2004年从事律师职业，现为北京市赵晓鲁律师事务所专职律师，第九届北京市律师协会建设工程专业委员会委员。执业证号：11101200410874907。

"受人之托，忠人之事"，是李伟律师一贯坚持的执业理念。

业务范围：

诉讼、仲裁业务；公司法律事务；建设工程法律事务；法律顾问。

执业经历：

2007年8月至今，北京市赵晓鲁律师事务所专职律师
2004年至2007年，北京市资治律师事务所专职律师

屈炜律师简介

屈炜律师，现为北京市赵晓鲁律师事务所合伙人律师。屈炜律师长期专注于公司法律事务的研究与实践，为数十家企业、单位担任常年法律顾问或专项法律事务特聘律师。在公司法人治理结构、股权纠纷、法律风险防控、投资融资等专项领域，有着丰富的经验和独特的心得体会，在私募股权投资领域也颇有研究和建树，连续多年被聘为北京市创投引导基金的专项法律顾问。屈炜律师还特别擅长涉及公司股权纠纷、房屋产纠纷、投资项目纠纷、建筑工程纠纷等领域的重大商事和经济合同纠纷诉讼，常以独特的视角、敏锐的洞察、专业的诉理关系剖析，取得出其不意的效果，颇受委托人的信任和好评。

主要业务领域：

公司法律事务；房地产法律事务；重大商事、经济合同纠纷诉讼（仲裁）。

主办或参与的部分重大、疑难案件：

1. 最高院指定再审四川某集团公司与中国某银行、长江公司信用证垫资担保纠纷案；

2. 最高院指定再审中国某钢铁集团公司与中国某银行承兑汇票担保纠纷案；

3. 某集团公司与北京某著名大型医院房地产开发经营合同纠纷案；

4. 中国农业某总公司对其境外子公司高管提起的股东代表诉讼案；

5. 某省部级官员受贿案再审案；

6. 华夏时报总编、著名财经评论家水皮诉指南针公司、百度公司名誉权侵权纠纷案;

7. 中国国际经济贸易仲裁委员会审理的延安南泥湾某公司与西班牙LDB公司苜蓿草加工进口设备合同纠纷仲裁案;

8. 晏某申请北京某文化传播有限公司清算纠纷案;

9. 城建远东某集团有限公司与城建某混凝土公司合同纠纷案;

10. 知名外籍华人刘利年先生及其妻子白女士诉北京市佛教协会、中国人民大学出版社、刘某某财产损害赔偿纠纷案;

11. 陕西府谷县某煤矿矿权纠纷再审案;

12. 北京某展览有限公司与江苏省某建筑有限公司于鸟巢内的建筑工程合同纠纷;

13. 梅菲特涂料公司与国家商评委商标异议复审行政纠纷;

14. 河南羚锐制药股份有限公司诉北京中地房地产开发有限公司商品房预售合同纠纷案;

15. 北京某生物科技有限公司股权纠纷案。

主办或主要参与的非诉讼项目(因商业保密原则,很多项目暂无法披露):

1. 北京市经信委中小企业引导基金各期子基金股权投资项目;
2. 平谷某酒业有限公司并购项目;
3. 某国家新闻社在河北、广西、重庆等地文化产业基地合作开发项目;
4. 某集团公司陶然亭改造合作项目;
5. 加拿大籍爱国华侨控制某集团公司通州新城房地产开发项目。

担任或曾担任的常年、专项法律顾问的部分顾问单位:

担任中国新闻社、中国科学技术协会、北京市交通管理局、北京市中小企业服务中心、中国技术经济研究会、四川明日企业(集团)有限公司、华夏时报社、中富展望集团有限公司、北京轻工房地产开发有限公司、北京龙凤居房地产开发有限公司、北京青春建设工程有限责任公司、宝富国际投资有限公司、北京天玺正元投资咨询有限公司、中国医学救援协会、北京北方空间钢结构有限公司、北京东泽达科技有限公司、北京杭塔防火建材有限公、梅菲特（北京）涂料有限公司、北京铭阳益海展览有限公司等数十家单位、企业的常年或专项法律顾问。

参与法律、部门规章、地方性法规的修订建议活动：

1. 《保险法》（修改建议稿）
2. 《中关村科技园区条例》（修订稿）
3. 《北京市法律援助条例》（草案修改稿）
4. 《律师执业管理办法、律师事务所管理办法》（草案修改稿）
5. 《中华人民共和国全国人民代表大会和地方各级人民代表大会代表法》（草案修改稿）
6. 《北京市促进中小企业发展条例》（草案修改稿）

发表专业评述：

屈炜律师作为《人民日报》海外版"晓鲁律师说法"和《晨报》"律师说法"栏目的主要撰稿人和特邀点评人，在其专栏上发表文章数十篇，就社会热点问题、常见法律纠纷进行专业评论或案例评析，普及法律知识、答疑解惑，得到广大企业家、读者的广泛关注和好评。其相关专业深度解读司法解释、新法修订的文章，曾被中国人民法院网、中国妇联网、中国新闻网、第一财经、新华网、人民网等各大媒体网站纷纷转载。

其他资质：上市公司独立董事任职资格

马建洪律师简介

马建洪律师1984年毕业于中国政法大学法律系，1999年至2001年在中国政法大学国际经济法系就读在职研究生。

1984年至1999年就职中国远洋运输（集团）总公司曾任法律处处长、法律中心副主任。1999年至2000年任中远工业公司监督部经理。

2000年5月至2007年5月在北京大地律师事务所任专职律师。

2007年至今在北京市赵晓鲁律师事务所任副主任。

马建洪律师曾参与我国海商法的起草工作，参与《中国大辞典》、《海商法大词典》的编写工作。

马建洪律师在律师业务中主要从事企业重大项目的开发、投资包括公司设立、合资合营、收购兼并、企业整合重组等；房地产项目开发、转让、合作、租赁、买卖；金融贷款、保险；国际航运及贸易等方面。

刘强律师简介

刘强，男，中共党员，法律专业，2011年通过司法考试取得法律职业资格证，现为专职律师。

在从事律师工作期间，曾担任若干家公司的法律顾问，代理多起民商事诉讼案件，为公司挽回了重大的经济损失，为当事人争取到了最大化的合法权益。刘强律师以"成功是努力的结晶，只有努力才会有成功"作为自己的座右铭。

袁慧律师简介

袁慧，女，2011年6月毕业于中国政法大学，法学硕士，诉讼法学专业。2011年8月至今，在北京市赵晓鲁律师事务所工作，任职主任助理、实习律师。

在工作期间，参与过重大案件的谈判和研讨，参与多起案件的前期准备工作。工作认真细致，把"珍惜法律赋予我们的每一份权利"作为人生信条。

目录 Contents

- 副教授女婿驱逐岳父岳母　至亲为房子对簿公堂 / 001
- 父亲去世30年　儿子法庭讨骨灰 / 004
- 服刑人欠钱　银行"追"到监狱 / 007
- 银行撮堆打"断供"官司 / 010
- 儿子偷光贫困父母救命钱 / 012
- 兑奖额缩水　彩民告体彩 / 016
- 赌手机降价骗千万货款 / 018
- 别人忘拔卡　女生吞万元 / 021
- "我以为报假警顶多罚款" / 024
- 亲哥俩法庭上竞价争父母遗留房产 / 027
- 北京蓝山爆炸案房主赔72万　过错程度定赔偿责任 / 029
- 保姆服务16年获赠房产 / 034
- 救人英雄被冲昏头脑　抱着前妻跳城铁卧轨 / 037
- 消费者手机收到垃圾短信状告运营商 / 040
- 网友上传前女友裸照　引发大批网站蜂拥转载 / 043

◇ 托管人缺席　银行难开箱 / 046

◇ 同单位两车相撞　保险只赔一辆车　"第三者"成为拒赔挡箭牌 / 049

◇ 台球冠军涉嫌诈骗250万　怒指律师不作为 / 052

◇ 顺手牵羊偷名表　卖淫女子判10年 / 056

◇ 生二胎被辞　告惠普败诉 / 059

◇ 安护栏丧命　老爹找证人 / 062

◇ 假房产证过了公证关　受害人向公证处索赔被驳回 / 066

◇ 妻子要改嫁　觅伴护病夫 / 069

◇ 女方称男方牛市赚了20万　法院判决时遇熊市剩3000

　　离婚分股票难断折现点 / 071

◇ 一女子投下三份保险蹊跷离世 / 074

◇ 安童谜样身世引激辩　曾被捧为身残志坚偶像 / 078

◇ 王海涛领刑8年 / 082

◇ 定案"伤害"罪　李有成不满 / 085

◇ 菲佣进家门　物品长了"脚" / 088

◇ 杀人女囚犯狱中待产　生育难题考验监狱执法 / 092

◇ 装备被删维权须到上海　玩家发愁成本高 / 098

◇ 老汉挥刀"成全"病妻　86位邻居联名向法院求情 / 101

◇ 回迁房作饵　钓走458万 / 105

◇ 80后情侣从缅甸越境避孕套运毒 / 110

◇ 18年后父母为儿索命 / 114

◇ "亿霖是否传销，法院定" / 118

◇ 男子在地铁随地小便　摔入隧道获赔1.8万元 / 122

◇ 男子兜售院士称号　骗50名老总　自诩空前绝后 / 125

◇ 母女闹矛盾上庭争房产　女儿提出要父母腾房 / 128

◇ 美腿手术治出"长短腿"　医院被判赔偿95万 / 131

◇ 美国骆驼鞋被指假洋货 / 135

◇ 离婚第二天与他人再婚 / 138

◇ 老人病逝留下多份遗嘱　继子起诉继母争房产 / 140

◇ 老人被撞伤　绕远做鉴定 / 143

◇ 老板"温柔"抢劫就图减压 / 146

◇ 偷开自家车　招来盗窃罪 / 150

◇ 被告席响起"冤"声一片 / 153

◇ 酒后一席话　吐露杀人案 / 157

◇ 《物权法》实施后　首例业主状告业委会 / 160

◇ 劫匪抢走黑出租　连撞6人致1死5伤 / 163

◇ 　假出租配备遥控计价器　全套拼装备真伪难辨 / 169

◇ 画家失窃反为小偷求情 / 173

◇ 撞桥司机首次被究刑责 / 177

◇ 女顾客停车场离奇失踪　原是被人劫杀　家属告商场担责 / 180

◇ 苦等三年一万五单价破四万　售楼处称修改规划延迟开盘 / 184

◇ 房价降了　业主讨差价 / 188

◇ 公证假金牛外包是铁皮 / 193

◇ 消费者挑刺包间费　起诉讨要80元 / 198

- ◇ 物鉴泰斗家属提交41份证据 / 200
- ◇ 小偷被打死　妻子讨赔偿 / 203
- ◇ 烟花点燃新房　损失无人理赔 / 206
- ◇ 法院受理首起信息公开案 / 209
- ◇ 倒卡黄牛骗走同行5万元 / 211
- ◇ 花农告教授偷牡丹 / 214
- ◇ 因公骑马摔伤不算工伤？ / 217
- ◇ 父母拒领畸形女婴回家 / 220
- ◇ 地震遗孀领补偿不忍点钱 / 222
- ◇ "熊猫人"起诉梦工厂 / 225
- ◇ 智障女童状告出生医院 / 227
- ◇ 醉汉被置店外遇车祸身亡 / 230

副教授女婿驱逐岳父岳母
至亲为房子对簿公堂

年近60岁的两位东北老人3年前来京,一直住在女儿家,如今却称遭女儿女婿驱逐。而无奈在外租房的女儿女婿一纸诉状将二老告上法庭,称老人抢占他们的三居室住房,要求二老腾房。昨日上午,奥运村人民法庭开庭对此案进行了公开审理。在近两个小时的激辩后,双方对解决方案仍未达成一致意见。法庭调解无效后,审判长宣布择日再审。

庭前争吵

女儿未出庭 老人"很遗憾"

3年前,张老太和李老汉来京照顾待产的女儿,老人称是因女儿有"为二老买房养老"的承诺,才选择离开东北老家,住在女儿家中的。

去年4月,女儿、女婿与两位老人发生争执,女儿一家三口搬出。其间,经居委会等第三方多次调解无效后,女儿李某将自己的父母告上法庭。对此事经过,本报曾于1月27日、2月4日先后刊登《副教授被指驱逐岳父母》和《女儿递诉状要二老腾房》两篇文章予以报道。昨日上午9点30分,距开庭时间还有半个小时之时,两位老人的女婿孟某率先出现在媒体的视野当中。他表示,因工作原因,原告李某无法到庭,他将以妻子委托人的身份出庭。

距开庭还有10分钟时,被告李老汉和张老太到场,立刻与女婿孟某发生激烈争吵。对于女儿未出现,李老汉称在"意料之中",张老太则表示"10个月没见到她了,今日很遗憾"。

庭上激辩
女婿出录音 岳母举照片

上午10点，法庭准时开审。被告张老太和李老汉表示，当初来京是应女儿数日电话的苦求。来京后，女儿、女婿也曾经承诺"为二老买房养老"，如今承诺没有兑现，他们有家难回，只能住在女儿家中。孟某否认曾做出过许诺，并表示当初两位老人来京并不是原告李某本人请来的，"我们当初没有主动请求老人帮忙照料孩子，而是老人主动提出的，他们不请自来。"他同时出示了相关录音证据。两位老人则认为录音"不完全，难以展现完整情况"。

庭上，张老太还出示了去年4月4日后自己受伤的照片，称当天遭孟某驱赶时被其殴打，才导致受伤。

孟某说，自己并没有殴打岳母，对方出示的证据皆属伪造。他表示，那晚以后自己和妻子就无法回家，"当晚全部经过都是岳父母为蓄意占房所为。"

被告二老则回应，女儿、女婿是主动搬走的，"如果我们是强占住房，你们10个月来为何从未提出要求回家居住？"

在最后陈述中，孟某提出解决方案："如二老同意搬出，原告每月支付1000元生活费，每年医疗费超过2万元的部分，原告承担50%。"但此方案遭二老反对。"首先应解决我们的住房问题，租房、买房都可以。"老人表示不接受法庭调解。后法院宣布择日再审。

"为了给他们租房，我们曾经找过很多处，但他们都不满意。"离开法庭时，孟某表示，自己提出的解决方案已经"很合理"，对方没有接受，他觉得"很失望"。

庭后释疑
为人处世、生活习惯 两代矛盾多

庭下，孟某对记者说，二老还有一个儿子在京，但却几乎不管老人的生活。"平日里他们重男轻女的态度也很明显。"孟某表示。而张老太则表示"这跟儿子毫无关系"。孟某还告诉记者，在共同居住的两年多里，他和妻子与两位老人的生活习惯有很大不同，"但这不是主要原因，关键是我们看不起他们的为人处世。"他指出,岳父的母亲90多岁高龄,岳父母每年退休金不下3万元,但始终未尽过赡养义务,"他们处处向'钱'看。"李老汉则对此说法予以否认,他认为与女儿、女婿产生矛盾的原因就是自己和老伴"无利用价值"了。

刘奕诗/文

(据2008年2月16日《北京晨报》)

>> 律师解读:

儿女住房父母也不能侵占

北京市赵晓鲁律师事务所的周建军律师表示:

房屋的产权人对其房屋享有占有、使用、收益、处分的权利。对于侵害和影响其权利行使的行为均可提起诉讼,即使侵权行为人是产权人的父母,产权人也可以要求其停止侵权、排除妨害,包括向法院提出对其父母的腾房诉讼。我国婚姻法规定,家庭成员间应当敬老爱幼,互相帮助,维护平等、和睦、文明的家庭关系。成年子女对父母有赡养扶助的义务。子女不履行赡养义务时,无劳动能力的或生活困难的父母,有要求子女付给赡养费的权利。但是这种赡养义务应当在子女的经济能力范围内。如果父母有多名成年子女的,原则上赡养费应该均摊或由子女轮流赡养。如果父母另外有住房或生活比较富裕,对于父母的过分要求,通常不会支持。

从本质上讲,腾房与赡养是两个法律关系,在同一案件中不能混同处理。但如果案件涉及亲情和家庭关系,为了缓和家庭矛盾、化解纠纷,法院通常会考虑选择以调解的方式处理。

父亲去世30年　儿子法庭讨骨灰

称单位擅自将尸体火化　当年没见父亲最后一面

"到现在我也不知道父亲到底是怎么死的。"昨天上午，在朝阳法院王四营法庭，60多岁的赵先生称，30年前父亲在单位死亡，而单位在未通知家属的情况下擅自将尸体火化。因此，赵先生将父亲生前所在的北京东方石油化工有限公司（现单位名称）诉上法庭，要求返还其父的死亡证明、火化证明及骨灰并索赔5万元。

父亲逝世成了一笔糊涂账

赵先生的父亲原来是东方化工下属单位化工二厂的职工。1979年，化工二厂突然派车来到他们位于河北的老家，"当时跟家里说我父亲病了，住院了。"于是，他们赶紧赶到北京，却被父亲单位的人直接带到了医院的太平间，随后也没让他们见父亲一面就将他们带到单位。在单位里，化工二厂的工作人员对于父亲的死因只称"是得病死在医院的"，至于其他情况一概不说。于是，赵先生一家人在未处理父亲后事的情况下，返回老家。"当时都蒙了。"他说，几天后，他们再次来到北京时，父亲的遗体已经被单位火化了。"谁知道那到底是不是父亲的骨灰呀。"由于火化过程没有家人参与，因此家里人在得知单位送家里人回老家的车上装着父亲的骨灰时，一直拒绝"卸车"，此后骨灰到底在哪里就成了谜。医院也表示没有父亲的住院证明和记录，父亲到底是怎么死的则成了一笔糊涂账。

"找了得有上千次了。"赵先生说。2005年春节，已经90岁的老母亲突然又旧事重提，责怪他让父亲的死不明不白。于是，在2006年和2007年，他多次联系东方石油化工和化工二厂，拿到了一份化工二厂的答复及一份石油化工党群工作部的答复。

单位称诉讼时效已过

在法庭上，赵先生将两份答复作为证据提交。记者看到上边写着，赵先生的父亲"原系化工二厂职工，于1979年病故"，"其父亲是正常病故，没有资料显示当时的处理存在问题"。对此，被告方代理人首先指出，赵父于1979年死亡至今已经30年，远远超过了法律规定的最长20年的诉讼时效。随后他们表示，这两份答复并不能证明赵先生的父亲是在单位死亡的。

"化工二厂是我们的下属单位。"被告方代理人提交了一份派出所于去年7月出具的证明信，"经查阅1976年到1982年的户籍登记，证明赵先生的父亲于1979年6月6日死亡，户口被注销后，户主变更为赵先生。"代理人表示，根据我国的户籍制度，只能由亲属持死亡证明亲自去办理死亡登记才能办理户口变更，这足以证明赵先生对于其父亲的死亡是知情的，而且他拥有死亡证明。对此赵先生则表示，父亲的户口注销并不是家人办理的，而是单位办理的。此案将择日宣判。

康健/文

（据2009年7月2日《北京晨报》）

>> 律师解读：

民事权利受到侵害，行使诉讼权利有时效

北京市赵晓鲁律师事务所马建洪律师认为：

本案涉及诉讼时效的法律问题。诉讼时效是民事权利受到侵害的权利人在法定的时效期间内没有行使权利，时效期间届满后，权利人向法院提起诉讼的，法院对权利人的权利不再进行保护的法律制度。也就是说，在法定的诉讼时效期间届满之后，权利人行使请求权的，法院就不再予以保护。这一法律制度旨在诉讼时效届满后，法律不保护权利人的胜诉权，但该项权利本身及其请求权并不消灭。如当事人超过诉讼时效后起诉的，人民法院应当受理，受理后如对方当事人提出诉讼时效抗辩，且查明无中止、中断、延长情形的，判决驳回其诉讼请求；

如果对方当事人未提出诉讼时效抗辩，则视为其放弃该权利，法院不得依照职权主动适用诉讼时效，应当受理该诉讼请求。

一般情况下的诉讼时效为2年，即民法通则规定的：向人民法院请求保护民事权利的诉讼时效期限为2年，法律另有规定的除外。根据相关法律规定，特别情形的诉讼时效，常见的有以下几种：（一）身体受到伤害要求赔偿的；出售质量不合格的商品未声明的；延付或拒付租金的；寄存财物被丢失或被损坏的诉讼时效期限为1年。（二）因产品存在缺陷造成损害要求赔偿的诉讼时效期先为2年，自当事人知道或者应当知道其权益受到损害时起计算。（三）提起环境损害赔偿诉讼的时效期限为3年，从当事人知道或者应当知道其受到损害时起计算。（四）有关船舶发生油污损害的请求权，时效期限为3年，自损害发生之日起计算；但是，在任何情况下时效期限不得超过从造成损害的事故发生之日起6年。（五）因国际货物买卖合同和技术进出口合同争议提起诉讼或者申请仲裁的时效期限为4年，自当事人知道或者应当知道其权利受到侵害之日起计算。此外，因其他合同争议提起诉讼或者申请仲裁的期限，依照有关法律的规定。

法律还规定，从权利被侵害之日起超过20年，人民法院不予保护。但有特殊情况的，人民法院可以延长诉讼时效期限。

本案事实发生在30年前，根据时效规定，如无特殊情况，最长时效也只有20年，超过20年，人民法院将不予保护。

服刑人欠钱　银行"追"到监狱
法院判决其偿还本金利息等6万余元

透支刷卡消费近4万元的郭某还未向银行还贷就因经济犯罪被抓，后获刑15年。为此，银行要求其偿还本金、利息及滞纳金等共计6万余元。记者昨天了解到，正在监狱服刑的郭某领到了朝阳法院的一审判决，法院认为郭某被监禁期间也可以通过合法途径偿还信用卡欠款，应当付银行本金、利息及滞纳金。

据招商银行信用卡中心起诉称，郭某于2003年10月申请办理了一张信用卡。截至2007年10月25日，他累计透支消费39445.9元。虽然银行多次催款，但对方一直未还款。原告将其诉至法院。

庭审中，郭某解释说，他于2004年11月23日被警方刑事拘留，后被法院判处有期徒刑15年。之后，他一直在监狱服刑。在此期间，他从未收到过催款通知。未还款的原因是被羁押、服刑，违约行为比较特殊，不属于主观故意行为。郭某表示，银行从2004年12月15日开始催款，说明其已知道权利被侵害，但直到2007年11月14日才起诉，已经超过了诉讼时效。郭某表示愿意在今后有经济能力时偿还本金，但利息、滞纳金等拒绝偿还。

法院在判决中指出，郭某未在免息还款期内偿还所使用的银行款项，故法院对原告要求郭某立即偿还本金、支付利息和滞纳金的诉讼请求应予支持。

郭某信用卡的信用额度为5万元，截至2005年3月，郭某信用卡的本金消费仍未超过信用额度，且郭某亦未告知原告其被羁押监禁的情况，故原告有理由相信该信用卡仍会发生消费交易。郭某的信用卡于2005年6月28日发生注销卡的免收年费的交易记录，这表明原告应当知道自己的权利受到侵害，后原告于2007年6月14日通过委托划扣形式扣缴78.49元，应当视为其向郭某主张权利，诉讼时效发生了中断，故截至原告提起诉讼时并未超过两年的诉讼时效。

颜斐/文

（据2008年7月29日《北京晨报》）

>> **律师解读：**

服刑人员民事诉讼权利受法律保护

北京市赵晓鲁律师事务所马建洪律师认为：

本案涉及诉讼时效中断和服刑人员参加民事诉讼的相关法律问题。诉讼时效中断是指在诉讼时效期间内，因发生一定的法定事由，致使已经经过的时效期间归零，待时效中断的事由消除后，诉讼时效期间重新起算。

诉讼期间中断的法定情形包括：权利人提起诉讼、权利人主张权利及债务人同意履行义务。诉讼时效中断的起算时间，根据相关法律、司法解释规定，当事人一方向人民法院提交起诉状或者口头起诉的，诉讼时效从提交诉状或者口头起诉之日起中断；权利人向人民调解委员会以及其他依法有权解决相关民事纠纷的国家机关、事业单位、社会团体等社会组织提出保护相应民事权利的请求，诉讼时效从提出请求之日起中断；权利人向公安机关、人民检察院、人民法院报案或者控告，请求保护其民事权利的，诉讼时效从其报案或者控告之日起中断；债权转让的，应当认定诉讼时效从债权转让通知到达债务人之日起中断；债务承担情形下，构成原债务人对债务承认的，应当认定诉讼时效从债务承担意思表示到达债权人之日起中断。

具有下列情形之一的，属于法律规定的"当事人一方提出要求"，产生诉讼时效中断的效力：

（一）当事人一方直接向对方当事人送交主张权利文书，对方当事人在文书上签字、盖章或者虽未签字、盖章但能够以其他方式证明该文书到达对方当事人的；

（二）当事人一方以发送信件或者数据电文方式主张权利，信件或者数据电文到达或者应当到达对方当事人的。如对方当事人为法人或者其他组织的，签收人可以是其法定代表人、主要负责人、负责收发信件的部门或者被授权主体；对方当事人为自然人的，签收人可以是自然人本人、同住的具有完全行为能力的亲属或者被授权主体；

（三）当事人一方为金融机构，依照法律规定或者当事人约定从对方当事人账户中扣收欠款本息的；

（四）当事人一方下落不明，对方当事人在国家级或者下落不明的当事人一方住所地的省级有影响的媒体上刊登具有主张权利内容的公告的，但法律和司法解释另有特别规定的，适用其规定。

有下列事项之一的，与提起诉讼具有同等诉讼时效中断的效力：

（一）申请仲裁；（二）申请支付令；（三）申请破产、申报破产债权；（四）为主张权利而申请宣告义务人失踪或死亡；（五）申请诉前财产保全、诉前临时禁令等诉前措施；（六）申请强制执行；（七）申请追加当事人或者被通知参加诉讼；（八）在诉讼中主张抵销；（九）其他与提起诉讼具有同等诉讼时效中断效力的事项。

权利人对同一债权中的部分债权主张权利，诉讼时效中断的效力及于剩余债权，但权利人明确表示放弃剩余债权的情形除外。

本案还涉及服刑人员参加民事诉讼的情形，因此律师提示，尽管服刑人员的人身自由受到限制，但是其民事权利包括民事诉讼权利，应当受到法律保护。我国民事诉讼法和相关的司法解释对相关民事诉讼在管辖、送达等问题上作了特殊规定。在管辖方面，对服刑人员提起的诉讼，由原告住所地人民法院管辖。双方当事人都被监禁或被劳动教养的，由被告原住所地人民法院管辖。被告被监禁一年以上的，由被告被监禁地或被劳动教养地人民法院管辖。在送达方面，向服刑人员送达的法律文书，由其所在监所或者劳动改造单位转交。只有充分保护服刑人员的民事诉讼权利，才能更有效地维护他们的民事实体权益。

房贷窟窿没填上　信用卡透支不还钱
银行撮堆打"断供"官司

今年以来，受大的经济形势影响，不少买房人和信用卡持有人都出现了还不起钱的状况。对此，银行在无奈之下，只能起诉至法院。昨天，东城法院就开庭审理了其中两起案件。记者从法院获悉，近段时间来，多家银行的断供案件已经出现了扎堆儿的现象。

庭审现场：新房无法入住婚期推迟

昨天下午，由光大银行集中起诉的两起买房断供案，在东城区法院开庭审理。两个案子有个共同点：被告均因所购的二手房存在产权纠纷，而拒绝按期向银行还贷。最终，法院均判决银行胜诉，其中一名被告董某表示愿意由银行对其所购房屋进行处置，通过折价、变卖等方式偿还贷款。另一名被告则坚称："为别人的房子埋单，不公平！"

第一起案子的被告董某，于2005年1月11日与光大银行签订房屋买卖合同，约定董某向银行申请26万元二手房贷款，期限20年。合同签订后，银行如约放贷，但董某延迟还款至今。截至目前，除了本金外，董某还拖欠利息和罚息8万余元。法庭上，董某答辩称，他所购房屋系别人一房二卖，他虽取得了房屋产权证，但房屋另一买主在没有产权证的情况下占有该处房屋拒不腾退，自己至今未能入住，故其不同意偿还银行贷款，"我买房是为结婚，可后来婚期延迟了，而且4年来一直不停地打官司"。董某叹息道，自己服从法院判决。庭审后，他紧握银行委托代理人的手，期望对方早日对其房产进行处置。

另一起案件中，被告王某辩称，他所购二手房虽然曾办理了房屋产权变更登记，并过户到他名下，但后来该房屋出现产权纠纷，法院判决他签订的房屋买卖合同无效，且王某所取得的房屋所有权证亦被撤销，王某要求原房主退还购房款，但该房主现下落不明。王某认为，他本身作为受害人已经"财房两空"，故不同意继续偿还银行欠款。

马上就访：今年法院断供案高于往年

"今年我代理的买房断供案件就有10多起。"光大银行的委托代理人焦律师承认，这跟大的经济形势有着密切关系。这类案件多发生在二手房买卖中。买房人不按期还贷的原因有两种情况，"一种是买房人因失业还不起贷款；另一种是房屋存在权属纠纷，买房人不愿还贷。"

庭审结束后，东城法院的王法官在接受记者采访时说，法院今年受理的银行断供案件明显高于往年。她说，断供案件分为两种：房屋还贷断供和信用卡欠款断供。"今年，除了光大银行，中国银行、工商银行、招商银行、深圳发展银行、广东发展银行等，都陆续将断供的购房者告上法庭。"他说，从数量上说，信用卡欠款断供的案件比房贷断供的案件还多，"仅6月初，我们就受理了50多个信用卡断供案件。"另一位法官告诉记者，在他们找到一些欠款人后，有的人明确说，自己因失业的确没钱，还不上。

白明辉/文

（据2009年6月18日《北京晨报》）

>> 律师解读：

不履行合同义务承担违约责任

北京市赵晓鲁律师事务所马建洪律师认为：

根据合同法规定，合同一方不履行合同义务或者履行义务不符合合同约定的，应当向合同另一方承担违约责任。贷款合同和房屋买卖合同分别属于两个不同的合同法律关系，房屋买卖合同法律关系中买卖双方的权利和义务，由双方签订的买卖合同来调整。同理，贷款合同中借贷双方的权利和义务，由贷款合同来调整。但当事人不能因为其中一份合同履行发生问题，便以该合同对方当事人没有按照合同约定履行义务为由，而拒绝履行其在另外一份合同中约定的义务。否则，必然会构成其在另一合同中的违约，承担相应的违约责任。

儿子偷光贫困父母救命钱

万余元数天挥霍一空　绝望父母求法官严惩

"我不知道拿家里的钱也是盗窃,我对不起父母。"昨天,22岁的郑武举坐在延庆法院的被告席上,一直低着头。去年12月19日,郑武举撬开家中抽屉,盗窃父母20多年积攒下的1.6万元,数天挥霍一空。而身患脑血栓的父亲正指着这笔钱看病养老。而郑武举从16岁开始就因盗窃、抢夺、诈骗等罪名多次被拘留或判刑。绝望的老两口到公安局报案,要求严惩儿子。

■案发
父母求严惩小偷儿子

昨天上午9点,郑武举戴着手铐走进法庭,特意看了看旁听席,而里面并没有父母的身影。"我很难过。他们不来,肯定是对我绝望透了。我对不起父母。"

2008年12月19日下午,郑武举回到父母家中,撬开抽屉,盗取父母积攒的现金2200元和一个活期存折,当天取走了存折内的全部存款14000元。"我不知道拿家里的钱也是盗窃。"他说,之后10多天,他买金戒指、买衣服、吃饭,花光了所有钱。

12月22日,郑武举的母亲准备拿钱给患脑血栓的丈夫买药,发现钱被盗,怀疑是郑武举偷了,第二天老两口就来到公安局报案,强烈要求严惩。今年1月23日,郑武举被逮捕。来法庭旁听的办案民警对记者表示,此案比较特殊,如果不是父母强烈要求严惩,可能会是其他结果。

据了解,小学文化的郑武举从16岁开始就因为犯盗窃罪、抢夺罪被判处有期徒刑一年,之后因殴打他人和敲诈勒索被行政拘留两次,2007年因犯诈骗罪又被判处有期徒刑一年,2008年7月刑满释放。

昨天,当庭未作宣判。

■ 追访

家中每月收入仅400元

"判他无期！他不让我活！我不要他了！让他死在监狱里！"昨天上午，记者跟随法官来到延庆县延庆镇郑武举的父母家，几间低矮昏暗的平房里，电视机是唯一的电器。郑武举64岁的父亲哆嗦着走到挂着的相框旁，指着一张郑武举的照片说："坏人！"

郑武举的母亲抹着眼泪告诉记者，被偷的一万多元是家里20多年攒下的所有积蓄。丈夫去年得了脑血栓，现在吃药维持，每月花费两三百元，但家里的收入只有国家和大队发的400元。"这之前两三天，大儿子兜里的200块也被他偷了。平常他半个月都不回来一次，那天回来要吃米饭，我就给做。我们难得吃米饭的，大年初一都吃棒子面疙瘩……小时候老说他机灵，可他不学好，游手好闲。我们不指望他什么，只希望他能悔改，能照顾自己，时常回来吃个饭。"

法官表示，这个案件里父母的意见对郑武举的量刑有重要影响，郑武举的母亲迟疑一会儿说："能轻还是尽量轻。希望他能帮上家里点儿，让他爸爸多活几天。"

刘珏欣/文

（据2009年4月1日《北京晨报》）

>> 律师解读：

偷拿家庭成员财物获得谅解　追究刑事责任的，应当酌情从宽

北京市赵晓鲁律师事务所马建洪律师认为：

本案涉及盗窃罪的相关法律问题。盗窃罪是指，盗窃公私财物，数额较大的，或者多次盗窃、入户盗窃、携带凶器盗窃、扒窃的。构成盗窃罪一般处3年以下有期徒刑、拘役或者管制，并处或者单处罚金；数额巨大或者有其他严重情节的，处3年以上10年以下有期徒刑，并处罚金；数额特别巨大或者有其他特别严重情节的，处10年以上有期徒刑或者无期徒刑，并处罚金或者没收财产。

根据相关司法解释，盗窃公私财物价值1000元至3000元以上、3万元至10万元以上、30万元至50万元以上的，应当分别认定为刑法规定的"数额较大"、"数额巨大"、"数额特别巨大"。

盗窃公私财物，具有下列情形之一的，符合"数额较大"标准的，可以按照前条规定标准的50%确定：曾因盗窃受过刑事处罚的；一年内曾因盗窃受过行政处罚的；组织、控制未成年人盗窃的；自然灾害、事故灾害、社会安全事件等突发事件期间，在事件发生地盗窃的；盗窃残疾人、孤寡老人、丧失劳动能力人的财物的；在医院盗窃病人或者其亲友财物的；盗窃救灾、抢险、防汛、优抚、扶贫、移民、救济款物的；因盗窃造成严重后果的。上述盗窃情形均是从重处罚的情形。

盗窃公私财物数额较大，行为人认罪、悔罪、退赃、退赔，且具有下列情形之一，情节轻微的，可以不起诉或者免予刑事处罚；必要时，由有关部门予以行政处罚：（一）具有法定从宽处罚情节的；（二）没有参与分赃或者获赃较少且不是主犯的；（三）被害人谅解的；（四）其他情节轻微、危害不大的。

按照司法解释规定，盗窃的数额，通常按照下列方法认定：

（一）被盗财物有有效价格证明的，根据有效价格证明认定；无有效价格证明，或者根据价格证明认定盗窃数额明显不合理的，应当按照有关规定委托估价机构估价；

（二）盗窃外币的，按照盗窃时中国外汇交易中心或者中国人民银行授权机构公布的人民币对该货币的中间价折合成人民币计算；中国外汇交易中心或者中国人民银行授权机构未公布汇率中间价的外币，按照盗窃时境内银行人民币对该货币的中间价折算成人民币，或者该货币在境内银行、国际外汇市场对美元汇率，与人民币对美元汇率中间价进行套算；

（三）盗窃电力、燃气、自来水等财物，盗窃数量能够查实的，按照查实的数量计算盗窃数额；盗窃数量无法查实的，以盗窃前6个月月均正常用量减去盗窃后计量仪表显示的月均用量推算盗窃数额；盗窃前正常使用不足6个月的，按照正常使用期间的月均用量减去盗窃后计量仪表显示的月均用量推算盗窃数额；

（四）明知是盗接他人通信线路、复制他人电信码号的电信设备、设施而使用的，按照合法用户为其支付的费用认定盗窃数额；无法直接确认的，以合法用户的电信设备、设施被盗接、复制后的月缴费额减去被盗接、复制前6个月的月均电话费推算盗窃数额；合法用户使用电信设备、设施不足6个月的，按照实际使用的月均电话费推算盗窃数额；

（五）盗接他人通信线路、复制他人电信码号出售的，按照销赃数额认定盗窃数额。

盗窃行为给失主造成的损失大于盗窃数额的，损失数额可以作为量刑情节考虑。

盗窃有价支付凭证、有价证券、有价票证的，按照下列方法认定盗窃数额：

（一）盗窃不记名、不挂失的有价支付凭证、有价证券、有价票证的，应当按票面数额和盗窃时应得的孳息、奖金或者奖品等可得收益一并计算盗窃数额；

（二）盗窃记名的有价支付凭证、有价证券、有价票证，已经兑现的，按照兑现部分的财物价值计算盗窃数额；没有兑现，但失主无法通过挂失、补领、补办手续等方式避免损失的，按照给失主造成的实际损失计算盗窃数额。

盗窃国有馆藏一般文物、三级文物、二级以上文物的，应当分别认定为"数额较大"、"数额巨大"、"数额特别巨大"。

盗窃多件不同等级国有馆藏文物的，三件同级文物可以视为一件高一级文物。

盗窃公私财物并造成财物损毁的，按照下列规定处理：

（一）采用破坏性手段盗窃公私财物，造成其他财物损毁的，以盗窃罪从重处罚；同时构成盗窃罪和其他犯罪的，择一重罪从重处罚；

（二）实施盗窃犯罪后，为掩盖罪行或者报复等，故意毁坏其他财物构成犯罪的，以盗窃罪和构成的其他犯罪数罪并罚；

（三）盗窃行为未构成犯罪，但损毁财物构成其他犯罪的，以其他犯罪定罪处罚。

律师特别提示，相关司法解释规定，偷拿家庭成员或者近亲属的财物，获得谅解的，一般可以不认为是犯罪；追究刑事责任的，应当酌情从宽。

本案的被告人，盗窃家人财产的数额已经达到法律规定成数额较大的数额，但是根据偷拿家庭成员或者近亲属的财物，获得谅解的，一般可以不认为是犯罪；追究刑事责任的，应当酌情从宽的规定，如果其家人给予谅解，法庭会根据情节予以从轻判处或不认定构成犯罪。

19.8万元奖金变成6万元
兑奖额缩水　彩民告体彩

北京彩民张女士以北京市体育彩票管理中心兑奖临时"缩水"违背了诚信原则等为由,将对方告到宣武区法院,要求北京体彩中心补足兑付她奖金13.8万余元。昨天,宣武区法院已受理此案。

据彩民张女士说,她从去年4月开始投注中国体育彩票管理中心发行的"排列3"的数字彩票。该数字游戏是在全国范围内采用计算机网络系统任意选择一个三位数字号码进行投注。每注金额为2元,可进行单、复式投注,还可以对选中的号码继续进行多倍投注,单张彩票最多投注倍数为99倍。"排列3"直选投注采用固定奖金设奖,每注1000元。

张女士称,她在体彩中心的投注点从去年9月至今年5月一直单式倍数投注一个999号的豹子号,合计投注2万多注。今年5月3日,"排列3"第08117期开出999号为特等奖的豹子号,依照规则,她中奖198注,应得奖金为19.8万元。

今年5月14日,她到被告处兑奖时,突然被告知,由于这次豹子号中奖者太多,中心本期收入不足以支付返奖,所以依据最新规定,每注奖金下调至301元。她当场提出异议。但中心坚持自己的观点,说全国实行的都是这一标准,考虑到兑奖期限只有28天,她只好按照301元/注奖金进行了兑付。

5月21日,张女士在浏览国家体彩中心官方网站时发现一个通知,通知内容是,由于体彩中心限赔行为严重伤害了广大热爱彩民朋友的感情,而且给彩民朋友造成的很大损失引起全国彩民的极大反响,为感谢广大彩民的支持,决定2008年5月3日的限赔措施取消,补足彩民中奖奖金至1000元。通知下发日期为2008年5月4日。此后,张女士再次找到北京体彩中心,但后者以计算机系统和其他省市不同为由再次拒绝补足奖金。

昨天下午,记者就此事与北京体育彩票管理中心取得联系,办公室的一位工作人员说，该体彩中心尚未收到法院的任何文件，因为对此事并不清楚，并称其负责人员不在，记者只得留下联系方式，但截至发稿时，对方仍未联系记者就此事进行回应。

武新　萧萧/文

（据2008年6月4日《北京晨报》）

>> 律师解读：

修改彩票游戏规则应报批

北京市赵晓鲁律师事务所屈炜律师认为：

彩票机构拟修改彩票游戏规则或发行销售方式，应先报同级财政部门审核，并由彩票发行机构向财政部提出申请。未经财政部门同意，彩票机构不得擅自修改财政部批准的彩票游戏规则和发行销售方式。彩票机构动用调节基金，需报经同级财政部门批准。

经查询中国体彩网，国家体彩中心销售的"排列3"玩法的奖金分配规则中，"直选投注"，单注固定奖金1000元。2005年财政部发布了《关于加强排列3、排列5和3D游戏风险管理的通知》规定，单期实际中奖总额若超过当期最高返奖总额时，排列3游戏单注奖金按照兑付率与固定奖金的乘积计算。即对奖金进行限额管理。2008年5月4日，国家体彩中心发布《关于"排列3"限赔改限号有关事宜的紧急通知》（简称"紧急通知"），为感谢彩民多年贡献，经研究决定，5月3日排列3（第08117期）限赔措施取消，补足彩民奖金至1000元，差额资金由各省市彩票中心从自有资金中支出。经财政部批准（《关于调整排列3电脑体育彩票风险控制机制的通知》），自5月5日第08119期（5月4日20:10开售）起，将排列3限赔管理办法改为限号管理办法。如果"紧急通知"的相关内容不违反国家体彩管理的相关规定，第08117期的彩民应得到相应的奖金补额。

赌手机降价骗千万货款

国美一销售经理获刑15年

24岁的原国美电器万柳桥店通讯部销售经理金山，企图利用手机"价保"的行业规则大赚一笔，没想到一起绑架案切断资金链，他诈骗客户货款近千万元的犯罪事实也由此浮出。记者昨天获悉，金山被北京市二中院判处有期徒刑15年。

绑架案牵出诈骗大案

2007年8月30日傍晚，国美电器万柳桥店通讯部销售经理金山带着客户郑某（因犯非法拘禁罪获刑1年）驾车前往首都机场接人。归途中，金山应郑某要求停车。此时，从3辆轿车上下来7名男子，不由分说将金山塞进他们的一辆车里。

原来，金山对郑某称可以卖给他低于市场价的手机。郑某交了近400万元货款，订购了2000部手机。然而，金山只安排对方提了850台货，剩余的却一再拖延。为讨回货款，郑某策划了这起绑架。金山先被挟持到丰台一家洗浴中心，次日又被带到了怀柔一个农家院。为首的"四哥"逼着金山还郑某的货款以及自己的劳务费50万元。金山只好给其他两个客户打电话，称手里有一批低价手机。很快，客户把260余万元汇给了金山。钱到手后，四哥才放了他。

由于联系不上金山，多名客户报案，称自己被诈骗货款，总额近千万元。2007年10月27日，藏匿在哈尔滨的金山被抓获归案。

赌"价保"赚取降价款

"货款都被我赔光了！"面对警察的讯问，金山有气无力地说。随后，金山交代了他试图通过手机销售业内特有的规则来赚钱的途径。"这叫赌'价保'。"金山说，价格保证制度就是经销商从厂家提出货后，如果在28天之内，市场上的价格低于出货时的价格,那么低了多少,厂家就会给经销商补多少。

据金山说,他如果判断厂家会在"价保"期内降价,就大量进货,再亏着卖出。一旦厂家宣布降价,就可以按销量获补丰厚的降价款。短短几个月中,金山已净亏300多万。不过,用后续货款弥补之前的亏空,只要不断有买家接盘,资金链不断,就可以把局撑下去。他万万没有想到,一场意外的绑架让骗局戛然而止,也由此牵出了他诈骗巨款的大案。

低价卖手机骗货款

金山每次低价卖出手机后都不向公司"报销售",而是以库存挂在账上,静候厂家降价。如果发生"价保",他每部手机至少能净赚50元。然而,"价保"并非好赌。不少品牌的"价保"期就三四周,比如摩托罗拉的价保是28天,要想这么短时间内看准降价绝非易事,往往是大经销商才能获得内部消息。据一位向金山销售的先生说,金山通过他买的多部手机一直没有拿到降价款,因为厂家一直没调价。更让金山始料不及的是,国美加大了盘库的频率,他不"报销售"就可能露馅。

经法院认定,2007年1月至9月期间,金山以低于市场销售价格的方法向他人供应手机,诈骗5名事主人民币共计947万余元,后追回266万余元。

颜斐/文

(据2009年2月24日《北京晨报》)

>> 律师解读:

用虚构事实或者隐瞒真相
骗取数额较大的公私财物的行为构成诈骗公私财物罪

北京市赵晓鲁律师事务所马建洪律师认为:

本案涉及诈骗公私财物罪,本罪是指以非法占有为目的,用虚构事实或者隐瞒真相的方法,骗取数额较大的公私财物的行为。

从犯罪构成讲,本罪主体是一般主体,凡达到法定刑事责任年龄、具有刑事责任能力的自然人均能构成本罪。本罪在主观方面表现为直接故意，并且具有非法占有公私财物的目的。本罪侵犯的客体是公私财物所有权。有些犯罪活动，虽然也使用某些欺骗手段，甚至也追求某些非法经济利益，但因其侵犯的客体不是或者不限于公私财产所有权，所以，不构成诈骗罪。例如：拐卖妇女、儿童的，属于侵犯人身权利罪。本罪侵犯的对象，仅限于国家、集体或个人的财物，而不是骗取其他非法利益。从行为上讲，第一，行为人实施了欺诈行为。欺诈行为从形式上说包括两类，一是虚构事实，二是隐瞒真相，目的都是使被害人陷入错误认识。其次，欺诈行为使被害人产生错误认识，并作出财产处分。第三，欺诈行为使被害人处分财产后，行为人获得财产，从而使被害人的财产受到损害。此外需要注意的是，诈骗罪并不限于骗取有体物，还包括骗取无形物与财产性利益。例如使用欺骗手段骗取增值税专用发票或者可以用于骗取出门退税、抵扣税款的其他发票的，也构成诈骗罪。

刑法规定诈骗公私财物数额较大的，处3年以下有期徒刑、拘役或者管制，并处或者单处罚金；数额巨大或者有其他严重情节的，处3年以上10年以下有期徒刑，并处罚金；数额特别巨大或者有其他特别严重情节的，处10年以上有期徒刑或者无期徒刑，并处罚金或者没收财产。刑法另有规定的，依照规定。

律师提示，应注意本罪的罪与非罪界限，借款人由于某种原因，长期拖欠不还的，或者编造谎言或隐瞒真相而骗取款物，到期不能偿还的，只要没有非法占有的目的，也没有挥霍，不赖账，不弄虚作假骗人，确实打算偿还的；比如写了借条之后伪造还款收条的，诈称已经还款的，仍属借贷纠纷，不构成诈骗。

此外，应注意本罪与其他诈骗犯罪的界限。刑法除规定诈骗公私财物罪外，还规定了集资诈骗罪、贷款诈骗罪、金融票证诈骗罪、信用证诈骗罪、信用卡诈骗罪、有价证券诈骗罪、保险诈骗罪、合同诈骗罪等诈骗犯罪的罪名。这些诈骗犯罪与本罪在主观方面和客观表现方面均相同，但在犯罪手段、客体要件与对象上均有差别，应注意区分。

别人忘拔卡　女生吞万元
犯信用卡诈骗罪　获拘役6个月、缓刑8个月

"我家里条件不好，就是贪图小便宜，所以犯了罪。"24岁的某高校学生董某在法庭上哭着说。去年12月，她在银行取钱时，发现前面的人银行卡未退出，她就起了贪心，先后从该卡中取出1万余元。昨天，海淀法院未成年庭开庭审理了此案，并以信用卡诈骗罪判处她拘役6个月，缓刑8个月，罚金2万元。

在昨天的庭审中，董某从头哭到尾，她一再向法官表示后悔。她说："我当时觉得这是捡的，不算是偷，所以就取了，也是想占小便宜。"她的母亲到现场进行旁听，考虑到董某还要继续上学，她请求记者不要公布其学校和姓名。直到听到法院的判决，董某和母亲才松了一口气。

据检察机关指控，2008年12月4日10时许，董某到海淀区魏公村工商银行ATM机上取钱。此时，北京某大学老师郭某排在她前面，慌忙间，郭某取了钱后忘记了退卡。待董某取钱时，她发现郭某的银行卡没有取走。于是她就试着用他的卡先取了300元。交易成功后，董某的胆子大了起来，又多次取款，拿走9530元。之后，她就拔卡走了，并将此卡遗失。董某交代称，她花300元买了东西，剩下的当天就存了起来。事后，郭某报了案，警方通过监控录像，锁定了嫌疑人董某。2009年1月7日，董某在学校上课的时候，被民警抓获。此后，她被取保候审。

庭审结束后，记者了解到，董某并非她自称的家庭困难。她的祖籍在河北，但她从小在天津长大，她的父母都在医院工作。2005年9月，她高中毕业后考入北京某学院商务英语专业。2007年至今，她通过自学考试进入某著名大学。记者注意到，董某目前已经取得北京市户口，她的父母还在朝阳区一繁华地段买了房子。此外，她还在法庭上说漏了嘴，称自己是因为不缺钱才未将300元之外的钱挥霍。

白明辉/文

（据2009年3月19日《北京晨报》）

>> 律师解读：

单位也能成为信用卡诈骗罪的主体

北京市赵晓鲁律师事务所马建洪律师认为：

本案涉及的信用卡诈骗罪是指以非法占有为目的，违反信用卡管理法规，利用信用卡进行诈骗活动，骗取财物数额较大的行为。

从犯罪构成讲，本罪的主体是一般主体，凡达到刑事责任年龄、具有刑事责任能力的自然人均可构成。单位也能成为本罪的主体。

本罪所侵害的客体是复杂客体，既对国家有关的金融票证管理制度，具体来讲是信用卡的管理制度造成侵害，同时也给银行以及信用卡的有关关系人的公私财物所有权产生损害。犯罪对象是信用卡，所谓信用卡，是指信用卡发卡人以持卡者的信用为条件，发给持卡人的用于购买商品、取得服务或者提取现金的一种信用凭证。以此凭证，持卡人可以到指定的地点进行消费，接受服务，如到商场、商店购买物品，到宾馆、饭店、娱乐场所享受服务等，而不必支付现金。由信用卡指定消费的地点，通常称为信用卡特约商户向发卡行支付款项，发卡行再从持卡人所存取的款项中扣除有关消费费用。

本罪在客观上表现为使用伪造、变造的信用卡，或者冒用他人信用卡，或者利用信用卡恶意透支，诈骗公私财物，数额较大的行为。其具体行为表现为：

使用伪造的信用卡进行诈骗；使用作废的信用卡进行诈骗；冒用他人的信用卡进行诈骗；使用信用卡进行恶意透支。本罪必须是利用信用卡诈骗，数额较大的行为。"数额较大"是构成信用卡诈骗罪的主要界限，对于数额不是较大的信用卡诈骗行为，可以追究行政责任和民事责任。

本罪在主观上只能由故意构成，并且必须具有非法占有公私财物的目的。如果行为人确无诈骗故意，即使违反有关信用卡管理规定获取了财物，也不能以犯罪论处。如不知是伪造、作废的信用卡而使用，善意透支，误用他人信用卡等，均不能作犯罪论处。

我国刑法规定：犯本罪的，处5年以下有期徒刑或者拘役，并处2万元以上20万元以下罚金；数额巨大或者有其他严重情节的，处5年以上10年以下有期徒刑，并处5万元以上50万元以下罚金；数额特别巨大或者有其他特别严重情节的，处10年以上有期徒刑或者无期徒刑，并处5万元以上50万元以下罚金或者没收财产。

根据最高人民检察院、公安部《关于经济犯罪案件追诉标准的规定》的相关规定，进行信用卡诈骗活动，涉嫌下列情形之一的应予追究：使用伪造的信用卡，或者使用作废的信用卡，或者冒用他人信用卡，进行诈骗活动，数额在5000元以上的。

相关司法解释规定利用信用证诈骗或恶意透支5000元以上起刑数额；情节严重，是指个人诈骗数额巨大达到10万元以上或者具有其他严重情节，如多次使用信用卡进行诈骗，屡教不改的；因其诈骗行为造成他人公私财物的巨大损失的；因其行为造成恶劣的影响的等情形。所谓情节特别严重，是指个人诈骗数额达50万特别巨大以及其他特别严重情节。

>> 律师提示：

一、注意本罪与非罪的界限

（1）分清善意透支与恶意透支，善意透支与恶意透支的本质区别就在于行为人具有不同的主观故意，有主观故意才能构成本罪。为了将透支款占为己有，根本不想偿还或者没有能力偿还，甚至采取潜逃的方法躲避债务，应认定为恶意透支。

（2）如果存在下列情形可以证明行为人没有诈骗故意的，不能以犯罪论处：不知使用的是伪造、作废的信用卡。误用他人信用卡或者虽系冒用但无非法占有他人财物的目的。

二、区别与盗窃罪的不同，刑法规定盗窃信用卡并使用的，应当以盗窃罪认定。

本案中，被告人认为自己只是捡了别人的信用卡，不是偷。但实际上她是冒用他人信用卡，骗取财物为己所有。在其行为中，有主观骗取他人财产的故意，有冒用他人信用卡非法获取他人财产的行为，已经构成了信用卡诈骗罪。

逼男友开机就为吵架　谎称航班有炸弹换来10月徒刑
"我以为报假警顶多罚款"

"我没想到这是违法,以为顶多就是耽误大家点儿时间……"26岁的外企女白领于某为使男友重新开机以便把架吵完,竟一怒之下报假警,编造男友所乘航班藏有炸弹的恐怖信息,导致警方出动近两百名警力排查。昨天上午,于某在朝阳法院接受了审判,法院当庭以犯有编造虚假恐怖信息罪判处其有期徒刑10个月。

为把架吵完报假警

今年1月13日中午,于某在家里与男友洪某因小事发生争吵。随后,洪某收拾好行李赶往机场。在去机场的路上,两人仍在多次的通话中争吵不断。到达机场后,洪某以飞机即将起飞为由将手机关闭。为使男友重新开机"把架吵完",气头上的于某用自己的手机拨打110报警电话,谎称有人告诉她男友乘坐的那班飞机上藏有炸弹。

据了解,接到报警后,为了确保飞机安全,公安机关及相关部门立即通知该航班停止起飞,并出动警力198人,车辆22辆,警犬4条,投入排爆设备6部,重新对该航班及机上200多名乘客开展安检排爆工作,致该航班延误数小时起飞,造成经济损失约人民币28000余元。事发后,于某的家人已赔偿航空公司因航班延误造成的全部损失。

原以为顶多就是罚款

于某身材高挑,皮肤白皙,面容清秀。面对众多的摄像镜头,她露出了微笑。整个庭审过程中,于某也一直表情轻松。"我没想到这是违法,以为顶多就是耽误大家点儿时间。"于某在法庭上说,事发前两天,她因为工作压力大,经常与男友因琐事发生争吵。当天,她这么做就是想让飞机耽误十几分钟,这样男友就可以将手机打开。

"你知道飞机怎么安检吗?"检察官问道。"我以为就像电视里演的那样,拿着仪器在飞机里转一圈就行了,也就十几分钟。"于某说,她原以为自己的行为顶多就是被批评教育或罚款,直到被抓后,她在派出所和分局反复做笔录,才觉得不对头了。"我看到一个下午警察都在为我的事忙活,我才觉得情况比我想的严重,后来我才跟警察说'事情不是那样的'。"

"我在看守所待了这么久,我也思考了很多,以后做事一定会三思而后行。"于某说。据悉,于某大学毕业后由于出色的工作能力很快被单位派驻美国,案发前她在一家外资公司工作,有一份丰厚的收入,用她的话说"自己一直是精英"。宣判后,于某明确表示拒绝接受采访:"假如你能帮我减刑5个月,我就什么都告诉你,给你个独家!"

颜斐/文

(据2009年5月21日《北京晨报》)

>> 律师解读:

本案涉及编造、故意传播虚假恐怖信息罪

北京赵晓鲁律师事务所马建洪律师认为:

本案涉及编造、故意传播虚假恐怖信息罪。本罪是指编造爆炸威胁、生化威胁、放射威胁等恐怖信息,或明知是编造的恐怖信息而故意传播,严重扰乱社会秩序的行为。

从犯罪构成上讲,本罪的犯罪主体为一般主体,即年满16周岁具有刑事责任能力的自然人,均可构成本罪主体。本罪所侵害的客体是社会秩序,包括机关、企业、事业单位、人民团体等单位的工作、生产、营业、教学、科研等秩序,公共场所、交通秩序,以及正常的工作、生活秩序。本罪在主观方面必须是行为人出于故意,即为了扰乱社会秩序,明知没有爆炸威胁、生化威胁、放射威胁等恐怖威胁,却加以编造,或者明知是编造的虚假恐怖信息而加以传播。过失行为不

能构成本罪。确实不知是虚假的恐怖信息而误认为是真实的恐怖信息，或者将某种非恐怖威胁的行动误认为是恐怖行动而加以编辑、发布，不构成本罪。本罪在客观方面表现为行为人有编造爆炸威胁、生化威胁、放射威胁等恐怖信息，或者传播编造的恐怖信息，严重扰乱社会秩序的行为。

律师提示：构成本罪，行为人编造出来的虚假恐怖信息，必须是一经传播出去，让公众知悉，会制造恐怖气氛，引起社会恐慌，扰乱社会秩序的信息；另外只有编造行为，如果未传播出去，也不能构成本罪。此外，构成本罪，并不要求行为人既有编造行为，又有传播行为。编造了恐怖信息，然后自行加以传播，严重扰乱社会秩序的，构成本罪，罪名则为编造、故意传播虚假恐怖信息罪。编造出恐怖信息，有意让他人知道，他人明知是编造的恐怖信息而予传播，严重扰乱了社会秩序的，编造者、传播者这时都构成本罪。对编造者应以编造虚假恐怖信息罪治罪，对传播者则以故意传播虚假恐怖信息罪治罪。编造者编造之后又指使他人传播，他人明知的，则编造者应以编造、故意传播虚假恐怖信息罪适用罪名；他人则构成故意传播虚假恐怖信息罪。将他人编造的恐怖信息传播，但确实不知是虚假的恐怖信息的，则不能构成本罪。

在处罚时还应注意，编造爆炸威胁、生化威胁、放射威胁等恐怖信息，或者传播编造的恐怖信息的行为，可以被用来煽动他人进行其他犯罪，如煽动分裂国家，煽动颠覆国家政权，煽动民族仇恨、民族歧视，煽动聚众扰乱社会秩序，煽动聚众冲击国家机关，煽动聚众扰乱公共场所、交通秩序，等等，此时，既会触犯本罪，又会触犯其他罪名，如煽动分裂国家罪、煽动颠覆国家政权罪、煽动民族仇恨、民族歧视罪等，视为牵连犯，应择一重罪定罪处罚，不做数罪并罚。

法律规定犯本罪的处5年以下有期徒刑、拘役或者管制；造成严重后果的处5年以上有期徒刑。

本案被告人编造并传播危险信息，造成一定范围内的恐慌，构成本罪。但考虑到事发后，被告人的家人已赔偿航空公司因航班延误造成的全部损失人民币28000余元的情节，可以在5年以下有期徒刑、拘役或者管制的法定刑期内考虑从轻处罚。

亲哥俩法庭上竞价争父母遗留房产

"我出47万！""我出48万！"……这不是在拍卖会，而是在市一中院的法庭上，由法官组织的房产分割案庭审场面，竞价的原被告是一对兄弟。昨天，法官以最后竞价的金额为折价款标准进行判决，圆满审结了兄弟争夺遗产案。

这起继承案件发生在宋氏姐弟四人之间。他们的父母于1998年前后相继去世，留有一套位于车公庄的楼房应由姐弟四人共同继承。继承开始后，宋家姐妹与弟弟达成协议，将各自应继承份额的房产转让给宋弟。此后宋弟起诉要求继承上述房产并给付宋兄房屋折价款。一审法院委托评估公司对该房屋估价后，判决房屋归宋弟所有，由宋弟给付宋兄房屋折价款46.4万元。宋兄不服原审判决，向一中院提起上诉，请求改判房屋归其所有。

市一中院承办法官经了解发现，若单纯按照房屋继承份额以及评估价来决定所有权的归属难免有失公正。鉴于双方均不愿放弃房产，且都有一定经济实力，在充分尊重双方当事人意愿的前提下，法官提出由双方对房屋进行竞价，最终由能够承担价款且对给付金额满意的一方取得所有权，该方案一提出即得到了当事人的赞同。

根据房屋评估机构对该房市场价值的认定，该房总价为185.7万元，按四继承人分割的话每份约46.4万元。在法官的主持下，以每份46.4万元为底价进行竞价，47万、48万……最终由宋弟喊出70.4万元的价格后，宋兄表示认可。法院据此进行改判，房屋归宋弟所有，宋弟给付宋兄房屋折价款70.4万元。至此，二兄弟争夺遗产房屋所有权案件得到圆满解决。

武新/文

（据2008年6月12日《北京晨报》）

>> 律师解读：

灵活"用"法可事半功倍

北京市赵晓鲁律师事务所屈炜律师认为：

在司法实践中涉及房屋分割的案件，如一方要房，一方要钱，则较容易达成一致，要钱的一方按照市场评估价格给付另一方相应份额的货币；如果各方都希望得钱，不要房屋，则可通过拍卖或转让房屋的方式，各方按各自份额分配房屋出售后的钱款；如果各方都想要房，就需要通过一定形式来确定最终谁能要房，目前法院通常采取竞价方式，由出价高者得房，另一方按照竞价的价格和应得份额收取相应钱款。本案当事人在房产的份额已经界定清楚的情况下，通过竞价让出价高者得房产，出价低者得相应货币补偿，既解决了房屋实际价格上涨造成的与评估价之间可能的"利差"，又使没有取得房屋的当事人实现了利益最大化。法院这种处理方式，既彰显了其适用法律的智慧，又体现了其运用司法职能构建和谐社会的理念。

北京蓝山爆炸案房主赔72万 过错程度定赔偿责任

2006年5月17日凌晨,发生在通州蓝山国际公寓的天然气爆炸事故曾引起广泛关注,由此引发的多起诉讼目前仍在北京市二中院的二审之中。

在一审判决中,事发房屋业主刘女士需给付伤者及物业70余万元赔偿金。

昨天上午,记者来到刘女士的家中。刘女士说:"爆炸当天我不在家,我把房间借给黄先生和他的表弟了。"由此背上巨额赔偿的刘女士连称自己冤枉。

责任 房主担了大头

爆炸发生一个多月后,刘女士和黄先生卷入了系列的官司之中。受伤最严重的沈先生即黄先生的表弟,将物业公司、燃气集团公司以及销售灶具的北京桑越海商贸有限责任公司和刘女士告上法庭;之后,先行垫付资金对受灾业主进行安置的物业公司又将刘女士和黄先生推上被告席,索赔100余万元。与此同时,刘女士和黄先生也各自对物业、燃气公司和桑越海商贸公司进行了反诉。

在沈先生的官司中,通州法院判决物业公司承担30%的责任,刘女士承担35%的责任即给付原告22万余元。而刘女士和黄先生需分别支付物业公司近50万元。

判决 房主赔72万元

刘女士回忆说,两年前的爆炸案,整个房间被炸得一片狼藉。之后,她带着刚上初中的儿子外出租房住,直到去年4月,她才从物业拿回房间钥匙,重新进行了装修。

刘女士说,她是2004年6月买的这套房子,黄先生是她多年的好友,装修队就是黄先生介绍的。黄先生的表弟来京办事没地方住时,她把房间借给了他们。就在这期间,刘女士的房子发生了煤气爆炸。

据了解，在爆炸发生前，有邻居曾向物业反映楼道里有异味，物业公司派保安检查后，以为是十层装修散发的气味，便不了了之。

后经过北京市消防局认定，刘女士作为燃气用户，对此事故负直接责任。而黄先生在组织家庭装修、安装燃气器具的施工中，未在燃气管道与灶具连接的橡胶管两侧安装螺帽或管卡固定，负直接责任。而物业公司没有对居民反映的燃气泄漏现象采取应急措施，对事故的发生负间接责任。

疑问　灶具安装人无责任

对于爆炸事故的认定，刘女士仍有异议。她认为，燃气集团在燃气支管改造中将部分改成暗管，暗管泄漏燃气的可能性很大。而即便真的是因为橡胶软管引发的，那么也是安装的问题。"灶具是在桑越海公司购买的，也是他们负责安装。后来，因为灶具打不着火我还3次找他们维修。这家公司没有尽到安全维修的义务，应该对这起事故负责。"

刘女士说，尽管她在法庭上出具了购买灶具的发票，上面盖有公司的章，但对方否认发生爆炸的灶具是从该公司购买的，也不承认是他们安装和维修的。由于现有证据不足，法院认定桑越海公司无需承担任何责任。

各方声音

房主：喊冤

需要给付70余万元赔偿金的刘女士说："黄先生觉得是他带人住进房子，发生了爆炸，虽然他自己受伤了，但并没有向我索赔，否则我会摊上百万元的官司。"刘女士说，一年多来，她几乎天天以泪洗面，经常想自杀。不仅是因为巨额赔偿，最主要的是觉得冤。"为了应对官司，我工作也辞了，律师费花了十几万，家里几乎倾家荡产了。"想到今后的日子，刘女士的眼泪掉了下来。

受害人：无奈

黄先生的双手被炸得严重扭曲，至今手指无法伸直，胳膊上也有伤。自己不仅受了伤，还成了事故责任人，搞了多年装修的黄先生也忍不住喊冤。"房子并不是我组织装修的。当时我自己的公司很忙，所以就介绍给别人了。"黄先生说，装修的人也不可能给安装灶具啊，而且对房主刘女士，他则放弃了索赔。

"刘女士的确很冤，可我不告她，叫我怎么办呢？"远在江苏农村的沈先生在电话里说，刘女士的家被炸了遭受了巨大的损失，他非常同情。可是，自己被炸成五级伤残，至今不能干农活，连吃饭还要家人伺候，家里还有病重的老母亲和上学的孩子，只能通过打官司来补偿了。"本来法院判表哥也要赔我20多万，我放弃了。他自己都受伤了，出于人道主义，我怎么能要他的钱？"

受害人之一的黄先生讲述了事发当天的经过。"那天晚上我和表弟还有他的朋友三个人出去喝了点酒，凌晨三点回到家，晕晕乎乎的我们也没发现什么异常。没过两分钟，我突然觉得身后的电视机砸到后背，我还以为是电视机爆炸了。没想到，整个房子都炸了，大火也烧了起来。"在这次事故中，房间里的三个人以及隔壁邻居都受了不同程度的伤。黄先生的表弟伤得最重，烧伤面积达70%，黄先生也被烧成六级伤残。

颜斐/文

（据2008年2月21日《北京晨报》）

>> 律师解读：

过错程度决定赔偿责任

北京市赵晓鲁律师事务所马建洪律师认为：

本案涉及侵权责任的认定和相关损害赔偿的法律问题。目前我国关于侵权责任已制定了专门的侵权责任法，在民法通则和产品质量法等专门法律法规中也对相关侵权责任作了有关的规定。

根据法律规定，行为人因过错侵害他人民事权益，应当承担侵权责任。法律规定推定行为人有过错，行为人不能证明自己没有过错的，其应当承担侵权责任。法律还规定，行为人损害他人民事权益，不论行为人有无过错，法律规定应当承担侵权责任的，依照其规定确定行为人的侵权责任。

法律规定，二人以上共同实施侵权行为，造成他人损害的，应当承担连带责任。二人以上实施危及他人人身、财产安全的行为，其中一人或者数人的行为造成他人损害,能够确定具体侵权人的,由侵权人承担责任;不能确定具体侵权人的,行为人承担连带责任。二人以上分别实施侵权行为造成同一损害,每个人的侵权行为都足以造成全部损害的,各行为人承担连带责任。二人以上分别实施侵权行为造成同一损害,能够确定责任大小的,各自承担相应的责任;难以确定责任大小的,平均承担赔偿责任。

连带责任人根据各自责任大小确定相应的赔偿数额;难以确定责任大小的,平均承担赔偿责任。支付超出自己赔偿数额的连带责任人,有权向其他连带责任人追偿。

法律还规定,以下情形行为人可以不承担责任或减轻责任:(一)被侵权人对损害的发生也有过错的,可以减轻侵权人的责任。(二)损害是因受害人故意造成的,行为人不承担责任。(三)损害是因第三人造成的,第三人应当承担侵权责任。(四)因不可抗力造成他人损害的,不承担责任。法律另有规定的,依照其规定。(五)因正当防卫造成损害的,不承担责任。正当防卫超过必要的限度,造成不应有的损害的,正当防卫人应当承担适当的责任。(六)因紧急避险造成损害的,由引起险情发生的人承担责任。如果危险是由自然原因引起的,紧急避险人不承担责任或者给予适当补偿。紧急避险采取措施不当或者超过必要的限度,造成不应有的损害的,紧急避险人应当承担适当的责任。

本案主要涉及因质量问题,造成他人的损害。对于因产品存在缺陷造成他人损害的,法律规定:生产者应当承担侵权责任;因销售者的过错使产品存在缺陷,造成他人损害的,销售者应当承担侵权责任。销售者不能指明缺陷产品的生产者也不能指明缺陷产品的供货者的,销售者应当承担侵权责任。因产品存在缺陷造成损害的,被侵权人可以向产品的生产者请求赔偿,也可以向产品的销售者请求赔偿。产品缺陷由生产者造成的,销售者赔偿后,有权向生产者追偿。因销售者的过错使产品存在缺陷的,生产者赔偿后,有权向销售者追偿。产品投入流通后发现存在缺陷的,生产者、销售者应当及时采取警示、召回等补救措施。未及时采取补救措施或者补救措施不力造成损害的,应当承担侵权责任。

产品质量法还规定:因产品存在缺陷造成受害人人身伤害的,侵害人应当赔偿医疗费、治疗期间的护理费、因误工减少的收入等费用;造成残疾的,还应当支付残疾者生活自助具费、生活补助费、残疾赔偿金以及由其扶养的人所必需的生活费等费用；造成受害人死亡的，应当支付丧葬费、死亡赔偿金以及由死者生前扶养的人所必需的生活费等费用。

因产品存在缺陷造成受害人财产损失的，侵害人应当恢复原状或者折价赔偿。受害人因此遭受其他重大损失的，侵害人应当赔偿损失。

本案是一起因多个责任人的原因导致他人损害的侵权案件，应当依照各方责任大小确定各方对受害人的赔偿数额。如果引起事故的原因，是燃气灶产品质量的问题，则生产厂商应承担主要的赔偿责任；如果是安装单位人员工作失误，应由安装单位承担主要责任。同时房屋所有人或者实际占用和使用人若因疏忽大意没有及时发现安全隐患，则应承担相应的过错责任。若行为人开门进屋后，已经闻到明显的煤气味道，因为缺乏消防安全知识，贸然开灯或打电话等产生明火而引发爆炸，则其存在一定的过错，也要承担相应责任。

保姆服务16年获赠房产

起诉雇主亲属要求房产归己

雇主王刚死后,将自己的一处房产留给了保姆陈玲。不料,保姆与雇主的一个妹妹就此房产的权属产生纠纷。陈玲将雇主的这个妹妹告上法庭,请求法院确认涉案房产归其所有。昨天,西城法院开审此案。

保姆:照顾雇主16年获赠遗产

保姆陈玲说,从1990年起,她开始照顾王刚的老母亲,老太太和王刚把她当成了一家人,老太太去世后,她继续照顾身体不好的王刚,王刚当时是一个人,他并无子女。"王刚和老母亲在世时,与其他的家人很少往来。"

陈玲还说,王刚的母亲曾留下遗嘱,把自己的一处房产留给了儿子王刚继承,2006年6月,王刚写下字据表明其身后事交由她处理,遗产由她继承。王刚在2006年去世后,陈玲得到了涉案房产。

亲属:全部房产给保姆不合理

昨天,王刚的一个妹妹作为被告,却并未到庭。她的丈夫王磊与律师出庭应诉。在庭审中,被告律师表示,王刚有两个妹妹,除了被告妹妹外,另一个妹妹患有精神病,住在福利院,两姐妹在哥哥王刚去世后,通过公证继承的方式办理了涉案房产的产权证,该处房产属两姐妹共有。

"被告明明知道涉案房产存有遗嘱,却向公证处做出了虚假陈述。"原告代理人提出质疑说,被告通过公证取得的房产证是无效的。为了证明自己的说法,陈玲当庭出示了王刚及其母亲包括遗嘱在内的几份字据原件,表示自己是争议房产的真正权利人。

被告律师反驳说,王刚在处分涉案房产时,应该给患有精神病多年的妹妹,留出相应的份额，毕竟这个妹妹是无民事行为能力人，她没有生活来源。

"王刚患精神病的妹妹住在福利院，就是有生活保障的。"原告律师不同意被告律师的这个说法。由于双方均不同意调解，法院将择日作出判决。

庭审后，年迈的王磊告诉记者，他的妻子身体不好，无法照顾母亲，老太太在世时，他经常去看望老人，被告律师说，保姆陈玲干了10多年，王刚给她一部分财产，是可以的，但是，王刚把全部房产都给了保姆，这是不合理的，陈玲只能拿走她应得的部分。"我不是抢的，我是光明正大得到的房产。"陈玲觉得自己拿到涉案房产没有什么不妥。（文中当事人为化名）

武新/文

（据2009年8月4日《北京晨报》）

>> 律师解读：

遗产继承可分为：法定继承和遗嘱继承、遗赠

北京市赵晓鲁律师事务马建洪律师认为：

根据继承法的规定，遗产继承可分为法定继承和遗嘱继承、遗赠。公民立遗嘱将个人财产赠给国家、集体或者法定继承人以外的人为遗赠。在遗嘱、遗赠合法有效的情况下，应首先适用遗嘱继承、遗赠，在没有遗嘱或者遗嘱无效的情况下，按照法定继承处理遗产。法律规定，有以下情形的遗嘱无效：（一）无行为能力人或者限制行为能力人所立的遗嘱；（二）遗嘱不是遗嘱人的真实意思，受胁迫、欺骗所立的遗嘱；（三）伪造的遗嘱；（四）遗嘱被篡改的，篡改的内容无效。但这里应当注意，遗嘱对部分财产的处分无效，并不必然导致遗嘱全部无效，仅是对无效部分所涉及的遗产按照法定继承处理。我国《继承法》还规定，遗嘱应当对缺乏劳动能力又没有生活来源的继承人保留必要的遗产份额。遗嘱人未保留缺乏劳动能力又没有生活来源的继承人的遗产份额，遗产处理时，应当为该继承人留下必要的遗产，所剩余的部分，才可参照遗嘱确定的分配原则处理。遗嘱人以不同形式立有数份内容相抵触的遗嘱，其中有公证遗嘱的，以最后所立公证遗嘱为准；没有公证遗嘱的，以最后所立的遗嘱为准。遗嘱人生前的行为与

遗嘱的意思表示相反，而使遗嘱处分的财产在继承开始前灭失，部分灭失或所有权转移、部分转移的，遗嘱视为被撤销或部分被撤销。

律师提示，有下列情形之一的，遗产中的有关部分按照法定继承办理：遗嘱继承人放弃继承或者受遗赠人放弃受遗赠的；遗嘱继承人丧失继承权的；遗嘱继承人、受遗赠人先于遗嘱人死亡的；遗嘱无效部分所涉及的遗产；遗嘱未处分的遗产。

另外法律规定，受遗赠人应当在知道受遗赠后两个月内，作出接受或者放弃受遗赠的表示。到期没有表示的，视为放弃受遗赠。

本案中，如遗嘱合法有效，保姆陈玲应当享有受遗赠的权利，但是若王刚患有精神病的妹妹确实没有生活来源，应当在留给王刚患有精神病的妹妹一定份额后，确定陈玲的受遗赠份额。

救人英雄被冲昏头脑
抱着前妻跳城铁卧轨

"我这两天在看守所里看到四川地震死了那么多人,我真的很受触动,心里很难受,我让他们把我卡里的钱全都捐出来,我希望法庭能给我一次重新做人的机会,让我照顾好我的两个孩子,让我能再好好地去回报社会,我要我的家人也多捐一些,我现在能做的只有这些了……"昨天上午11时30分,在昌平区法院庭审即将结束时,抱前妻跳下城铁、被控故意杀人罪的许军本号啕大哭,对着法官说出了上述一番话。

事件回放

今年1月12日下午5时40分许,许军本在地铁13号线龙泽站开往西直门方向的站台上,与前妻因感情和债务问题发生争执,在列车即将进站时,双手抱住前妻跳下站台,幸好列车驾驶员采取紧急制动,只造成其前妻摔在铁轨上轻微致伤。许军本在事发后爬上站台,准备离开之际被公安机关抓获。昨天上午,被告人许军本因被公诉机关指控故意杀人而在昌平法院出庭受审。

丈夫:没有站稳跌落站台

法庭上,许军本的第一句话就是"我没有故意杀人"。面对公诉人的指控,许军本辩称,在候车时,他并未与前妻发生过争执。"我们感情很深,还有两个女儿,我们正打算复婚。"许军本说,当列车距离他六七米时,他转身拉前妻让她赶紧上车。而之所以会跌落站台,是因为他没有站稳。

而在回答自己辩护律师的提问时,许军本则表示,当时是因为听到前妻骂他,他很气愤。"我控制不住自己的情绪,就想晃一下她的肩膀,吓唬她一下。"许军本这样解释自己"抱妻跳轨"的行为。而对他的"逃逸",他解释道:"我看没死成,就想换个死法,准备打车去国贸跳楼。"许军本称,他曾先后自杀过20多次,全是因为一些小事。

而根据公诉人提供的证据,许军本的前妻孙某称,当她被抱着跌入铁轨时,她听到了许军本对她说:"我不会一个人死,这次没死成,还有下一次。"

根据公诉人出示的一份公安机关鉴定结论,证明许军本属于偏执人格,但具有完全责任能力。

妻子:希望法官从轻处理前夫

在昨天的旁听席中,身穿白衣的许军本前妻孙某也到场听审。整个过程中,她一直低着头,面无表情,一只手不停地把裤兜上的拉链拉来拉去。但当庭审即将结束,听着许军本号啕痛哭的陈述,看到许军本父亲和哥哥的当庭失声痛哭,孙某也无声地掉下了眼泪。庭审后,孙某站在了许军本父亲的身边,抹着眼泪凝望着许军本的背影。但面对记者的询问,孙某始终没有说一句话。

许军本的父亲告诉记者,孙某很后悔自己当时辱骂了许军本,她也没想到会弄到这个地步。开庭前,孙某给法官写了一封信,表示许军本并没有杀害自己的意图,希望从轻处理。

许军本的父亲对记者说,许军本是他3个儿子中最孝顺的一个,只是性格与常人不一样,有时难以控制自己的情绪。"我今天也是第一次听到他在庭上说捐款的事儿,我相信他是真的有所触动。"许军本的父亲哽咽道,"这孩子以前轻生过多次,这次他知道要珍惜生命了,我作为父亲,也希望他能早日改过自新,重新回报社会。"据悉,昌平法院将择日宣判此案。

(据2008年5月21日《北京晨报》)

>> **律师解读:**

从善言行难影响量刑

北京市赵晓鲁律师事务所马建洪律师认为:

本案被告人涉嫌故意杀人罪。故意杀人罪是故意实施了剥夺他人生命的行为。从故意杀人罪的犯罪构成分析，故意杀人罪的客观要件必须有剥夺他人生命的行为。这种行为又可分为作为或不作为，所谓以不作为行为实施故意杀人，是指对防止或避免他人死亡结果发生负有特定义务的人，因其不履行职责或义务造成他人死亡，其不作为的行为构成故意杀人罪的客观要件。故意杀人罪的主体是一般主体，但是法律规定，已满14周岁不满18周岁的人犯故意杀人罪，应当从轻或者减轻处罚。故意杀人罪在主观上，行为人必须有非法剥夺他人生命的故意，包括直接故意和间接故意，即明知自己的行为会发生他人死亡的危害后果，并且希望或者放任这种结果的发生。如行为人主观没有杀人的故意，却致他人死亡，将根据具体案情，可以过失致人死亡或故意伤害致死论处。

律师提示，故意杀人的方法多种多样，但是如果使用放火、爆炸、投毒等危险方法杀害他人，危及到不特定多数人的生命、健康或重大公私财产安全的，应当按以危险方法危害公共安全罪论处。对于教唆未达到刑事责任年龄或没有刑事责任能力的人去杀害他人的，对教唆犯应直接以故意杀人罪论处。

如果由于行为人意志以外的原因，被害人没有死亡的，则属故意杀人未遂。我国刑法规定，未遂犯，可以比照既遂犯从轻或者减轻处罚。但是，行为人以往取得的功绩、荣誉和事后在法定的减轻、从轻情节之外的其他方面的良好表现，不能直接影响司法机关对其定罪量刑。

本案中，虽然被告人辩称，当时由于生气，控制不住自己的情绪，就想晃一下她的肩膀，吓唬她一下。但从被告人在列车即将进站时，双手抱住被害人跳下站台，口中还说"我不会一个人死，这次没死成，还有下一次"的主客观方面看，已具备了故意杀人罪的要件，被告人应该构成故意杀人罪。

消费者手机收到垃圾短信状告运营商

今年3·15首次对垃圾短信进行了曝光，日前，消费者王先生勇敢地站出来，成为本市第一个为此类短信向运营商维权的人。王先生认为，运营商擅自在他的私有财产——手机上做广告，构成侵权。他将运营商告到西城区法院。昨天，王先生向记者讲述了事发经过。

事发：开会收到垃圾短信

"收到这种短信，我心里很不舒服。"王先生告诉记者，今年2月初，他收到两条短信，内容都是"意大利原装进口橄榄油……元宵节前全场九折"。王先生发现，两条短信都来自同一个SP地址。

回忆起收到短信的场景，王先生至今仍很气愤。王先生第一次收到短信时，恰好在开会。当时，会场特别安静，他的手机一响，在场所有人都将目光投向了他，他急忙翻看手机，结果是这则推销短信。第二次是在半夜，当时王先生睡得正香，忽然收到短信，阅读过后，气得他再也无法入睡了。

王先生解释说，他由于生意的需要，手机每天要24小时开机，"这种短信不断发来，对我的工作和生活都是骚扰。"

索赔：运营商要给50元

不堪其扰的王先生只得找到运营商协商此事。王先生说，这家运营商查明，两条短信都是广州一公司群发的，属于信息服务业。而且，运营商也认为，这两条短信是信息，并非是商业广告。而王先生将两条短信当成了商业广告。

最后，运营商同意给予王先生50元话费作为补偿，被王先生拒绝了。他向信息产业部相关部门投诉此事，得到的答复是，这样的短信是广告类信息。"这种短信对消费者没有用，而运营商根本就没有意识到问题的严重性。"王先生说，因为这一点,他决定与运营商打官司。

起诉:要求分享广告利润

今年3月,王先生向西城区法院递交了诉状。王先生认为,运营商没有经过其本人的允许,擅自在他的私有财产上做广告,是属于侵权行为,这种短信影响了他的正常工作和生活秩序。

"除了书面赔礼道歉、赔偿经济损失外,我还提出与运营商分配合理的广告利润。"王先生说。对于索要广告利润的依据,王先生认为:"运营商与广州的公司在未经我本人同意下,在我的私人财产——手机上做商业广告,理应分配给我合理的广告利润。"王先生还向运营商索要精神损失费300元。"实际上,消费者收到这种短信,精神上受到很大的伤害。"王先生如是说。

对话当事人 "打赢官司很困难"

记者:您提到"运营商根本就没有意识到问题的严重性",您认为是什么问题呢?

王先生:运营商和一些公司长时间、多次这么做(发短信),骚扰的是不特定的多数人。而这种短信缺乏监管,容易对消费者产生误导,有可能产生不良的后果。

记者:大多数人面对这种垃圾短信都不了了之,您为什么会站出来呢?

王先生:我觉得很烦。我找到运营商协商此事,对方没有把此事当回事,我就想到要通过法律途径维护自己的权利。此外,我希望这场官司能够促进运营商改进自己的服务,所有的消费者能够从中获得收益。

武新/文

(据2008年4月2日《北京晨报》)

>> 律师解读:

消费者个人信息不得泄露、出售或者非法向他人提供

北京市赵晓鲁律师事务所李伟律师认为:

《中华人民共和国消费者权益保护法》规定：

（一）经营者收集、使用消费者个人信息，应当遵循合法、正当、必要的原则，明示收集、使用信息的目的、方式和范围，并经消费者同意。经营者收集、使用消费者个人信息，应当公开其收集、使用规则，不得违反法律、法规的规定和双方的约定收集、使用信息。

（二）经营者及其工作人员对收集的消费者个人信息必须严格保密，不得泄露、出售或者非法向他人提供。经营者应当采取技术措施和其他必要措施，确保信息安全，防止消费者个人信息泄露、丢失。在发生或者可能发生信息泄露、丢失的情况时，应当立即采取补救措施。

（三）经营者未经消费者同意或者请求，或者消费者明确表示拒绝的，不得向其发送商业性信息。

本报道案例中，消费者手机用户与运营商之间为服务合同法律关系，双方应遵守法律规定和合同中约定的义务，享有相应的权利。根据上述法律规定，运营商在与手机用户形成的服务法律关系中，知悉手机用户包含手机号码等相应的一系列信息，运营商必须依据法律或合同严格保密，不得泄露、出售或者非法向他人提供。同时，运营商在使用手机用户的相关信息时，也不得违反法律、法规的规定和双方的约定。如果运营商在发送商业性信息时，必须有手机用户的请求或者征得手机用户的同意。手机用户明确拒绝时，不得向手机用户发送商业信息。反之，运营商违反法律的规定或超出合同约定，非法出售和提供手机用户信息，泄露手机用户信息，则构成侵权和违约的竞合，作为手机用户的消费者可选择提起侵权纠纷之诉或者违反合同的违约之诉，通过提起诉讼保护自己的合法权益。

另外，如果运营商违反上述法律规定或者合同约定，运营商除应向消费者承担相应的民事责任外，还可能承担刑事责任。刑法规定，国家机关或者金融、电信、交通、教育、医疗等单位的工作人员，违反国家规定，将本单位在履行职责或者提供服务过程中获得的公民个人信息，出售或者非法提供给他人，情节严重的，构成出售、非法提供公民个人信息罪，处三年以下有期徒刑或者拘役，并处或者单处罚金。单位犯前罪的，对单位判处罚金，并对其直接负责的主管人员和其他直接责任人员，依照各该款的规定处罚。因此，如果运营商向他人非法提供消费者信息的，单位及主管人员和直接人员，可能将承担相应的刑事责任。

网友上传前女友裸照引发大批网站蜂拥转载

因与女友发生感情纠纷，在某网站工作的前男友将女友数十张裸照上传至网上，并提供网络下载，随后引起广大网友的下载和传看，这就是近日来引起社会关注的"海运女"事件。截至昨天，在Google搜索引擎输入"海运女"三个字，显示的查询结果达到了5800多万个。昨天，记者从该事件的受害者殷某的委托律师处获悉，发帖者朱某已被上海警方刑事拘留。

事件回放　　"海运女"暂离工作岗位

今年5月8日，在上海的宽带山论坛上，网名为"garros"的朱某陆续上传了曾在上海海运学院就读的前女友殷某的生活照和不雅裸露照片，并在网络硬盘"纳米盘"上为网友提供下载。这些照片一经上传，便立刻在网络上形成溃堤式传播。至目前，只要有"海运女图片下载"的字眼出现的网站，其点击率仍然都非常高。但记者发现，目前大部分网站已把相关图片进行了删除。

宽带山论坛一位姓郭的工作人员说，自从照片出现后，他们看到一张删一张，但还是没能阻挡住照片流向其他网站。殷某目前的委托律师、上海捷华律师事务所的曾琪说，殷某早已从上海海运学院毕业，目前已参加工作，这件事发生后，她受了很大打击，她已暂时离开工作岗位，在家休息。此外，记者获悉，殷某曾称："朱某的性格一向比较冲动和偏激，但做出这样的事是出乎我意料的。"

最新进展　　委托律师追究网站责任

曾律师说，此事发生后，殷某已及时报警，并向公安机关反馈了其所掌握的犯罪嫌疑人的具体情况。目前，朱某已被上海警方以涉嫌侮辱罪刑事拘留，警方目前正在调查此案。昨天，记者致电上海市公安局海宁分局，工作人员未透露具体案情。

　　此外，记者还得知，殷某还委托曾琪律师及其同事于昨天在宽带山论坛上发表了公开声明。记者看到，这份公开声明已被网站工作人员置顶。声明的内容为："近期网络上传播的'海运门不雅照片事件'系故意侮辱女性的网络恶性事件……目前公安部门已正式受理。在此次事件中，YH小姐（殷某）系直接受害人，此事已给她本人造成严重负面影响和极大的精神伤害。"

　　这份声明中呼吁："社会各界人士，共同阻止对该事件的恶意炒作，以善良和同情之心，关怀和帮助YH小姐度过这段人生最困难的时光。"律师同时声明："通过电子邮件、复制拷贝、转发等各种渠道方式传播YH小姐不雅照片的行为均可能触犯刑法，若（网友）收到相关照片请立即予以删除。YH小姐保留依法追究在此次事件中侵犯其合法权利的相关单位和个人包括刑事责任在内的法律责任的权利。"

（据2009年5月19日《北京晨报》）

>> 律师解读：

传"海运女"裸照或担刑责

北京市赵晓鲁律师事务所李伟律师认为：

　　（一）发帖人涉嫌侮辱罪。朱某的行为主要构成的是侮辱罪。根据法律规定，公然侮辱他人，情节严重的，可能构成侮辱罪，"侮辱罪侵犯的是特定人的名誉，犯侮辱罪处三年以下有期徒刑、拘役、管制或者剥夺政治权利。"侮辱罪属于告诉才处理的犯罪，即被害人应自己向法院提起刑事自诉，但是如果犯罪行为严重危害社会秩序和国家利益的，可以由公安机关立案，由检察机关提起公诉。如果被害人因此事出现任何不测，如出现抑郁甚至寻短见等，也是构成"情节严重"的一个因素。

　　（二）传照片可能担刑责。朱某的行为，除了构成侮辱罪，还可能构成传播淫秽物品罪。根据有关法律，如构成传播淫秽物品罪，将处两年以下有期徒刑、拘役或者管制。需要提及的是，传播淫秽图片必须达到"情节严重"，才构成犯罪。这里"情节严重"通常是指，传播淫秽物品达到一定的法定数量，或者违法所得达到一定金额，或注册会员达到一定人数等法定标准。

根据有关司法解释，如果不以营利为目的，那么传播淫秽图片400张以上的，将构成犯罪。如果数量达不到400张，那么实际被点击数达到2万次以上的，也构成该罪。如果是以营利为目的，传播数量和点击量仅为上述标准的一半，就已构成该罪。这也就意味着，如果网友个人或者网站传播转发"海运女"的照片，达到"情节严重"，也可能被追究刑责。

（三）需要进一步说明的是，图片是否"淫秽"需界定。在本案中，朱某所上传的图片是否属于"淫秽物品"，也需要有关部门在案件审理中进行界定。根据我国法律，"淫秽物品"的定义是指，具体描绘性行为或者露骨宣扬色情的书刊、影片、录像带、录音带、图片及其他淫秽物品。有关人体生理、医学知识的科学著作不是淫秽物品。包含有色情内容的有艺术价值的文学、艺术作品不视为淫秽物品。

托管人缺席　银行难开箱

经过"神舟六号"搭载并有航天员聂海胜、费俊龙签名的纪念邮票一版，存入银行保管箱中，至今无法取出。原来开箱人宋先生未按本公司要求以单位名义开箱保存这些邮票，遭到公司起诉而败。为了躲避执行法官，宋先生没了踪迹。昨天，东城区法院执行法官依据公司提供的线索前去宋先生家堵人，却扑了个空。而怎样执行银行保管箱尚无明确法律规定，成为法院执行中的一个难点。

被执行人宋先生原是北京建工一建工程建设公司的职员。2005年11月，该公司得到抵押物——经过"神舟六号"搭载并有航天员聂海胜、费俊龙签名的纪念邮票一版，安排宋先生到银行开保管箱，用于保管邮票。不料，宋先生竟然未按本公司要求以单位名义开箱，而是以个人名义办理了保管手续。

当抵押人要求取回邮票时，公司发现邮票居然变成了宋先生的个人财物。为了要回邮票，该公司将宋先生告上法院。东城区法院判决宋先生予以返还，可是，宋先生拒不履行生效判决。为了躲避执行法官，宋先生也不见了踪迹。

昨天9时，东城区法院的执行法官依据公司提供的线索，与法警赶往北竹竿胡同。当天，执行法官来到宋先生家反复敲门，家中一直无人应答。法官在门上贴了传票，要求宋先生于下周一到法院接受处理。

找不到宋先生，这意味着涉案邮票还是无法从银行保管箱中取出。办案法官介绍说："客户在银行开箱，双方建立了保管合同，但是银行并不知道客户在保管箱中存有什么物品。如果法院强行开箱，纪念邮票一版只是箱中的部分物品，其余的物品将难以处理，银行无法承担由此而产生的责任。"目前，怎样执行银行保管箱尚无明确法律规定，成为法院执行中的一个难点。

如果宋先生被找到，他仍然拒不执行生效判决，法院将会对其予以罚款、拘留等处罚。

武新/文

（据2008年4月25日《北京晨报》）

》律师解读：

开启如需凿箱带来的损失，应由被执行人承担

北京市赵晓鲁律师事务所李伟律师认为：

（一）关于保管箱业务。根据中华人民共和国商业银行法的规定，提供保管箱服务，是商业银行经营业务之一。保管箱业务是银行接受客户的委托，按照业务章程和约定的条件，以出租保管箱的形式代客户保管贵重物品、有价证券及文件等财物的服务项目。

保管箱业务性质属于租赁合同，银行并不占有保管箱物品和知晓保管箱物品的信息。银行仅对保管箱库的安全负责。保管箱库内配备电子监控设备，指定专人负责，库房门锁钥匙和密码分别由专人掌握，2人会同方可启闭库房大门。

（二）根据现行法律规定，人民法院有权查询、冻结、扣划个人、单位银行存款，但对于人民法院是否可对保管箱采取强制措施，法律未作明确规定。

但根据中国人民银行关于对中国银行广东分行开办保管箱业务的复函中的规定，人民法院有权查封、扣押、冻结、拍卖、变卖民事案件被执行人应当履行义务部分的财产，人民法院等部门凭有效的法律文书和协助执行通知请求金融机构协助执行的，金融机构应积极配合。

另外，中国建设银行在其保管箱业务管理办法中也规定，人民法院等机关因审理或查处案件的需要，依法要求银行提供司法协助时，保管箱业务经办人员应要求来人出示本人工作证件和执行公务证明，将来人介绍到行内法规或保卫部门。法规或保卫部门核实来人身份，查验人民法院等机关签发的文件无误后，通知保管箱业务主管领导，予以提供以下司法协助：

查询。来人出示"协助查询通知书"，经办人员可协助其查询被调查人是否租箱及租箱情况；

查封。来人出示"协助查封通知书"，经办人员可协助其办理封箱；

开启。来人出具"协助调查取证通知书"，经办人员可协助其开启保管箱，对箱内物品查验登记后，冻结封存。来人出具人民法院已发生法律效力的判决书副本，经办人员可协助其开启保管箱，对箱内物品查验登记后，按判决书规定办

理。开启如需凿箱,应在营业时间外执行。

根据保管箱业务部门及主管部门的上述规定,当有证据表明被执行财产存放于银行保管箱,被执行人不予执行的,人民法院可向相应银行发出协助执行通知书,要求银行协助开启保管箱,对箱内物品查验登记后,按判决书规定办理。开启如需凿箱带来的损失,应由被执行人承担。

同单位两车相撞　保险只赔一辆车
"第三者"成为拒赔挡箭牌

由于路面结冰，同一家混凝土公司的两辆车发生了剐蹭事故，在去保险公司理赔时，对方却称只能对其中一辆车进行赔付。基于认为保险公司的做法不合理，混凝土公司将中华联合财产保险公司北京分公司告上法庭。昨天，东城法院开庭审理了此案。

自家俩罐车相撞　仅一车获保险理赔

"我们公司总共有70多辆车，加上道路狭窄，难免会发生这样的事故。"北斗星混凝土有限公司的张先生称，这次事故的发生纯属意外。他说，今年2月19日13时30分，该公司的司机马某驾驶京G×××31车回单位途中，遇到公司另一司机刘某驾驶京G×××34车送货逆向驶来，"由于路面结冰，前一辆车在错车时刹车发生侧滑，致使两车相剐，造成两车均受损。"

据介绍，事故发生后，两车司机填写了《机动车交通事故快速处理协议书》，并通知了保险公司。被告保险公司接到通知后对车辆进行了定损，但仅赔付了前一辆车的损失，对后车的损失拒绝赔偿。所以，该公司将保险公司告上法庭，要求对方对后车按照第三者责任险赔偿9945元，并承担本案诉讼费用。张先生说，该公司的所有车辆都于2008年6月5日向被告中华联合财产保险公司投了保。"我们每辆车投的都是全保，一共投了4年，每辆车每年的保费就有1万元，可没想到真正出了事故，却不能理赔。"这让公司十分不解，他们认为保险公司的做法并不合理。

事故无"第三者"　成保险拒赔挡箭牌

"我们对这起事故发生的事实没有异议。"法庭上，被告中华联合财产保险公司的工作人员承认，原告公司发生事故的两辆车都在该保险公司投保，但事故中的后车不能作为"第三者"赔偿。

该工作人员称："保险条例中规定，'第三者'是指除了本车人员和被保险人之外的第三人，而后车与前车同属一个被保险人的财产，所以不能按此赔偿。"另外，该工作人员还称，此案中，对后车也不能按车辆损失险赔偿，"因为根据双方填写的'快处协议'，前车在事故中负全责，后车属无责，所以也不能按该保险来赔。"法院将择日对本案进行宣判。

庭审结束后，本案的审判员王磊在接受记者采访时说，从此前发生的类似案例来看，被保险人获得法院支持的可能性比较小，但有些案例都在法院调解下获得了折中解决。"保险法中，为避免有人为获得保险金而故意发生事故的道德风险，所以才对一些概念有着严格的规定。换个角度来说，如果有人故意骗保，保险公司在调查过程中也会很难甄别，从而存在着承保的风险。"他建议一些大的保险公司进行风险评估后，在险种上进行完善。

白明辉/文

（据2010年7月26日《北京晨报》）

>> 律师解读：

机动车交通事故责任险，属财产险范畴

北京市赵晓鲁律师事务所李伟律师认为：

机动车交通事故责任险，属财产险范畴。目前机动车交通事故责任险包括车辆损失险和第三者责任险，第三者责任险又分为法律规定的车辆所有人必须投保的强制性第三者责任险和车辆所有人自愿投保的商业性第三者责任险，即交强险和商业三者险。

国务院《机动车交通事故责任强制保险条例》规定，机动车交通事故责任强制保险，是指由保险公司对被保险机动车发生道路交通事故造成本车人员、被保险人以外的受害人的人身伤亡、财产损失，在责任限额内予以赔偿的强制性责任保险。中国人民保险监督管理委员会《机动车辆保险条款》规定，保险车辆造成

被保险人所有或代管的财产损失,不论在法律上是否应当由被保险人承担赔偿责任,保险人也不负责赔偿。

从上述规定可知,目前不论是交强险,还是商业三者险,保险公司均把车主(被保险人)排除在"第三者"之外。因此,当同一车主名下的不同车之间发生交通事故时,两车的损失通常均不能通过交强险及商业三者险进行赔付。之所以有这样的规定或约定,主要是保险公司为了防范投保人为套取保险金而故意"碰瓷儿"。而交通事故中的车辆损失险,实行的是"有责赔付",即对于无责车辆,车损险是不赔的。报道案件中,前车在事故中负全责,后车属无责,所以不能按该车辆损失险来赔。

因此,对于有两辆车以上的车主或家庭在投保时,建议多咨询几家保险公司,并选择在同一保险公司投保。在投保前与保险公司谈判,争取通过签订附加条款,解决自家车相撞三者险不赔的问题。

台球冠军涉嫌诈骗250万 怒指律师不作为

"买房能人"帮买经适房收取好处费,怒指律师不作为,律师做有罪辩护遇尴尬。

案情回放

据检察机关指控,从2006年3月至2007年5月,李峥在自己的位于天通苑的台球厅内以能够买到天通苑北二区的经济适用房为名,向30余位购房者收取5万至20余万不等的"号费",计200余万元。在此过程中,李峥以"借款"的方式向购房人收取现金,并且表示买不到房可以退款。但直至2007年6月案发前,这些购房者也未从李峥处购买到经济适用房,且交纳的"号费"也未被退回。

身为台球界的名人,李峥没想到自己会"沦落"到今天这步。因以能拿到天通苑经济适用房房号为名,向30余位购房者收取"好处费"200余万元,李峥被检察机关以涉嫌诈骗罪提起公诉。昨天上午9时,33岁的李峥在昌平法院公开受审。

庭审·自述 委屈 "有人买到了经适房"

"我觉得我这个不属于犯罪,顶多算是经济纠纷。"面对检察机关的指控,李峥觉得自己很委屈。他说他的确是以能购买到经济适用房为名从购房者那里收取了"好处费",但他当时收钱的时候就跟购房人说好了,能办就办,不能办就把钱还给对方。"我给他们都打了借条,一般时限为两个月,如果到时还没等到房号,他们想等就继续等,不等了我就退钱。有的人比较信任我,当时没打条,我还特意开车去他们家给他补上。"李峥说,就在举报他的这些人里,还有4个人的确从他这里购买到了经济适用房,而且已经住上了。"我不知道他们为什么不承认,可能是怕房子被收回去吧。别的我不说,其中的孙某,连他的收入证明都是我带着公司的公章去填的。"

义气 "别人帮了我,我不能害他"

李峥在法庭上表示自己当初声称能够帮人购买的是天通苑北二区的经济适用房。但根据检察机关的调查,2005年12月31日之前,经济适用房归天通苑销售部自行销售,但从2006年起就已经全部由政府调配了,而且销售的只有天通中苑的房子。李峥说,收取的200万元钱,他一部分用在订房上,一部分用在自己经营的台球厅了。当公诉人向李峥询问他是如何帮助他人购买经济适用房时,李峥说他也是找的人。但却始终拒绝交代找的到底是谁。"我希望你能理解我,那个人帮了我不少忙,我不能害他。"尽管李峥的辩护律师也当庭提醒李峥要交代清楚购买的过程,但李峥仍然保持沉默。

庭审·特写 冲突 指责代理律师不作为

在昨天的庭审现场,李峥和他的代理律师当庭发生了摩擦。

庭审中,李峥的代理律师一直对检察机关提出的指控没发表任何意见。在最后的陈述阶段,李峥的代理律师对法官表示,他对李峥被公诉的罪名存在异议。"我不为他做无罪辩护,我认为李峥一案侵犯的客体是社会管理制度,客观上给受害人造成了损失,但至于他侵害的是什么社会秩序,我才疏学浅,应该由法庭来判定。"听到这番话时,李峥当庭就冲着他的代理律师大喊:"你还嫌我判的太轻了是不是?"律师的表现,也让庭上的法官、陪审员、公诉人以及旁听席上的人都忍俊不禁。

对话当事人

庭后记者采访了李峥,他称给人办房号是为多赚点钱。

记者:为什么在庭上和自己的代理律师发生冲突?

李峥:我对他的表现不满,他不作为。

记者:是家人帮你请的律师?

李峥:我父亲找的,我知道他什么路子,就想我赶紧判了。我家人要是真用心了，我也不至于到今天这步。

记者：为什么不肯说出你找的到底是谁，这对你也许会有利？

李峥：人家帮我办过事，而且办得很不错，我不能这么干。

记者：你在台球界也小有成绩了，为什么还要去给人办房号？

李峥：就想多赚点钱呗。

李峥小传

涉案前曾担任太田体育（北京）有限公司中国区副总裁、北京太田体育文化交流有限公司董事长、中国台球训练中心太田国际撞球场总经理。是国内台球界的名人，首届"星城"杯台球男女混合大奖赛冠军、2006年台球公开赛副总指挥。国内很多台球名将，都在其任总经理的太田台球训练中心进行过赛前训练。涉案前还在天通苑经营一家台球厅。

（据2008年7月2日《北京晨报》）

>> 律师解读：

非法占用他人钱财涉嫌诈骗罪

北京市赵晓鲁律师事务所李伟律师认为：

一、诈骗罪概念及特征

诈骗罪是指行为人以非法占有公私财物为目的，用虚构事实或隐瞒真相的方法，使被害人陷于错误认识，从而骗取被害人钱财的行为。诈骗罪具有以下特征：

（1）行为人主观上出于故意，并且具有非法占有公私财物的目的。

（2）行为人实施了诈骗行为，至于诈骗财物归自己挥霍享用，还是转归第三人，都不影响本罪的成立。

（3）诈骗公私财物数额较大才能构成犯罪，如果诈骗数额较小，则不构成犯罪。诈骗多少公私财物才构成"数额较大"，各地司法机关依据各地具体情况可作出具体规定。

二、刑法对诈骗罪的规定

刑法第二百六十六条规定，诈骗公私财物，数额较大的，处3年以下有期徒刑、拘役或者管制，并处或者单处罚金；数额巨大或者有其他严重情节的，处3年以上10年以下有期徒刑，并处罚金；数额特别巨大或者有其他特别严重情节的，处10年以上有期徒刑或者无期徒刑，并处罚金或者没收财产。本法另有规定的，依照规定。

本条前半部分规定了一般诈骗罪的定罪量刑。后半部分，"本法另有规定的，依照规定"，是指刑法对特定的诈骗犯罪专门作了具体规定，如合同诈骗、保险诈骗、信用卡诈骗等金融诈骗罪。对特定的诈骗犯罪，应当适用刑法专门的规定。

三、行为人是否具有非法占有他人钱财为目的，是诈骗罪与债务等经济纠纷相区分的根本界限。

如果行为人收取他人钱财承诺为他人"办事"后，积极履行承诺，并使大多数事情"办成"，那么即使有个别事情最终因其他原因没有办成，行为人因没有非法占有他人钱财的目的，不构成诈骗罪。如果行为人假借为他人"办事"为由收取他人钱财，但实际上其明知"事情"因政策、法规或其他客观原因已经根本不可能办成，或者根本没打算为他人办事，还故意以此前成功"事例"误导他人，目的是非法占用他人钱财，则涉嫌诈骗罪。

顺手牵羊偷名表　卖淫女子判10年

"小姐"娜娜凌晨打电话问是否需要上门服务，得到事主钟某允许后，在其家中未"服务"前却先盗走名表一块。可她自己也未料到，这一块表居然价值13万元。日前，东城法院以被告人娜娜犯盗窃罪，一审判处她有期徒刑10年。

今年2月25日凌晨4时许，事主钟某在家中接到之前认识的"小姐"娜娜的电话，问是否需要上门服务，钟某随即让她到自己家中。双方在客厅闲谈几句后，钟某上卫生间，娜娜突见茶几上有块看起来闪闪发光的手表，心中喜爱，便顺手牵羊将表偷走。钟某出来后并未发现，径自让娜娜离去。几分钟后，钟某才发现手表被盗，追赶不及，只得报警。民警接报后，根据线索于今年7月将娜娜抓获，该手表也在其暂住地追回。娜娜想不到的是，这是块百达翡丽牌男表、金钻满天星，经权威部门鉴定，该手表价值人民币136000元。虽然只是临时起意的顺手牵羊，可娜娜的盗窃数额竟已超过了数额特别巨大的法律标准。

东城法院经审理后认为，被告人秘密窃取他人财物，数额特别巨大，已构成盗窃罪，依法应予刑罚处罚。故判处娜娜有期徒刑10年，并处罚金人民币10000元。

白明辉/文

（据2008年12月4日《北京晨报》）

>> 律师解读：

"数额巨大"各地区标准不同

北京市赵晓鲁律师事务所李伟律师认为：

一、盗窃罪概念和特征

盗窃罪是指以非法占有为目的，秘密窃取公私财物的行为。本罪的主体是一般犯罪主体。构成盗窃罪必须具备以下条件：

（1）行为人具有非法占有公私财物的目的。

（2）行为人实施了秘密窃取公私财物的行为。秘密窃取，是指采用不易被财物所有人、保管人或者其他人发现的方法，将公私财物占为己有的行为。秘密窃取是盗窃罪的重要特征，也是区别其他侵犯财产罪的主要标志。

（3）盗窃公私财物数额较大，或者多次盗窃、入户盗窃、携带凶器盗窃、扒窃。数额较大，是盗窃行为构成犯罪的基本要件。如果盗窃的财物数额较小，一般不构成犯罪，应当依照治安管理处罚法的规定予以处罚。

二、关于盗窃犯罪的盗窃数额

盗窃犯罪的盗窃数额有"数额较大"、"数额巨大"和"数额特别巨大"。现行法律规定，个人盗窃公私财物价值人民币1000元至3000元以上的，为"数额较大"；个人盗窃公私财物价值人民币3万元至10万元以上的，为"数额巨大"；个人盗窃公私财物价值人民币30万元至50万元以上的，为"数额特别巨大"。

考虑到我国各地区经济发展状况的差异，各省、自治区、直辖市高级人民法院可根据本地区经济发展状况，社会治安状况，在上述规定的数额幅度内，分别确定本地区执行的"数额较大"、"数额巨大"、"数额特别巨大"的标准，报最高人民法院、最高人民检察院批准。

在跨地区运行的公共交通工具上盗窃，盗窃地点无法查证的，盗窃数额是否达到"数额较大"、"数额巨大"、"数额特别巨大"，应当根据受理案件所在地省、自治区、直辖市高级人民法院、人民检察院确定的有关数额标准认定。

盗窃公私财物，具有下列情形之一的，"数额较大"的标准可以按照上述规定标准的百分之五十确定：

（1）曾因盗窃受过刑事处罚的；

（2）一年内曾因盗窃受过行政处罚的；

（3）组织、控制未成年人盗窃的；

（4）自然灾害、事故灾害、社会安全事件等突发事件期间，在事件发生地盗窃的；

（5）盗窃残疾人、孤寡老人、丧失劳动能力人的财物的；

(6) 在医院盗窃病人或者其亲友财物的;

(7) 盗窃救灾、抢险、防汛、优抚、扶贫、移民、救济款物的;

(8) 因盗窃造成严重后果的。

另外,盗窃国有馆藏一般文物、三级文物、二级以上文物的,应当分别认定为"数额较大"、"数额巨大"、"数额特别巨大"。盗窃多件不同等级国有馆藏文物的,三件同级文物可以视为一件高一级文物。

报道案例中,根据当时法律规定,个人盗窃公私财物价值人民币10万元以上的,为"数额特别巨大"。

根据刑法规定,盗窃数额特别巨大的,处十年以上有期徒刑或者无期徒刑,并处罚金或者没收财产。

三、关于构成盗窃犯罪的特定盗窃行为

只要行为人实施了该特定盗窃行为,即使达不到数额较大的条件,因该行为本身的社会危害性,也构成犯罪。根据法律规定,构成盗窃犯罪的特定盗窃行为包括:

(1) 多次盗窃。2年内盗窃3次以上的,为"多次盗窃",以盗窃罪定罪处罚。

(2) 入户盗窃。非法进入供他人家庭生活,与外界相对隔离的住所盗窃的,为"入户盗窃"。入户盗窃不仅侵犯了公民的财产,还侵犯了公民的住宅,并对公民的人身安全形成严重威胁,应当予以严厉打击。

(3) 携带凶器盗窃。携带枪支、爆炸物、管制刀具等国家禁止个人携带的器械盗窃,或者为了实施违法犯罪携带其他足以危害他人人身安全的器械盗窃的,为"携带凶器盗窃"。该行为不仅侵犯他人的财产,而且对他人的人身形成严重威胁,应当予以刑事处罚。

需要明确的是,"携带凶器盗窃",是指行为人携带凶器进行盗窃而未使用的情况,如果行为人在携带凶器盗窃时,为窝藏赃物、抗拒抓捕或者毁灭罪证而当场使用凶器施暴或者威胁的,则构成抢劫罪。

(4) 扒窃。在公共场所或者公共交通工具上盗窃他人随身携带的财物的,为"扒窃"。

生二胎被辞　告惠普败诉
公司称其一直不到岗上班　未准假就离岗

因在怀孕期间被辞退，祖女士将中国惠普有限公司告上法院，索要解除合同当月工资及经济补偿金近20万元。随后，惠普公司也提起诉讼，要求法院判令无须支付当月工资。记者昨天获悉，朝阳法院一审判决驳回了祖女士的诉讼请求。

据祖女士称，她因属于大龄、高危产妇，去年5月29日，在距预产期还有一个月的时候向公司申请休息，但遭到拒绝，并多次在她无法上班的情况下强行要求她上班。祖女士后在加拿大生产，回国后才得知6月25日公司已与她解除劳动合同。

惠普公司则表示，去年5月16日，祖女士突然传真给公司一份医院诊断证明书，诊断及建议为"Ⅰ型糖尿病，建议休两周"，该份证明中并未说明其怀孕和妊娠的情况，但公司再次批准其病假申请。去年5月29日，公司再次收到祖女士的邮件，表示其欲从去年6月1日至去年7月31日期间休无薪假。根据规定，因祖女士没有提交医院的相关诊断证明，因此公司不能批准，并通知她应于去年6月2日到岗。但祖女士一直未到岗上班，也未说明情况。对此，祖女士当庭表示，她怀的的确是二胎，单位应当知道她怀孕的情况。

法院认为，祖女士在未经准假的情况下即自行离岗，未按时上班的事实已经构成了旷工。根据《劳动合同法》相关规定，惠普公司解除祖女士的劳动合同关系并无不当，且在此种情况下无须支付经济补偿金。同时也无须向祖女士支付该期间的劳动报酬。祖女士已提出上诉。

颜斐/文

（据2009年7月7日《北京晨报》）

》律师解读：

劳动者轻微违反劳动纪律　不能一概列为"严重"的情形

北京市赵晓鲁律师事务所李伟律师认为：

一、一般情况下，用人单位不能对在孕期、产期和哺乳期的女职工解除劳动合同

为减少和解决女职工在劳动中因生理特点造成的特殊困难，保护女职工健康，国家对女职工实行特殊劳动保护。国务院在其制定的《女职工劳动保护特别规定》中规定：

（1）孕期。女职工在孕期不能适应原劳动的，用人单位应当根据医疗机构的证明，予以减轻劳动量或者安排其他能够适应的劳动。对怀孕7个月以上的女职工，用人单位不得延长劳动时间或者安排夜班劳动，并应当在劳动时间内安排一定的休息时间。怀孕女职工在劳动时间内进行产前检查，所需时间计入劳动时间。

（2）生育。女职工生育享受98天产假，其中产前可以休假15天；难产的，增加产假15天；生育多胞胎的，每多生育1个婴儿，增加产假15天。女职工怀孕未满4个月流产的，享受15天产假；怀孕满4个月流产的，享受42天产假。

（3）哺乳期。对哺乳未满1周岁婴儿的女职工，用人单位不得延长劳动时间或者安排夜班劳动。用人单位应当在每天的劳动时间内为哺乳期女职工安排1小时哺乳时间；女职工生育多胞胎的，每多哺乳1个婴儿每天增加1小时哺乳时间。

根据上述规定，女职工除生育休产假外，在孕期和哺乳期内，均应参加用人单位适当的劳动，遵守用人单位的规章制度，同时上述规定以及劳动合同法均规定，用人单位不得因女职工怀孕、生育、哺乳降低其工资、予以辞退、与其解除劳动或者聘用合同。

二、根据劳动合同法的规定，孕期、产期或哺乳期的女职工，有下列情形之一的，用人单位可以解除劳动合同

（1）在试用期间被证明不符合录用条件的；

（2）严重违反用人单位的规章制度的；

（3）严重失职，营私舞弊，给用人单位造成重大损害的；

（4）劳动者同时与其他用人单位建立劳动关系，对完成本单位的工作任务造成严重影响，或者经用人单位提出，拒不改正的；

（5）以欺诈、胁迫的手段或者乘人之危，使用人单位在违背真实意思的情况下订立劳动合同的；

（6）被依法追究刑事责任的。

上述劳动合同法律规定用人单位在女职工怀孕、生育、哺乳期间，用人单位单方解除与女职工劳动合同的，均属于女职工存在过失的情形。

三、关于本案的看法

报道案例中，法院认定女职工严重违法了用人单位的劳动纪律，因此，尽管女职工是在孕期、产期或者哺乳期的，用人单位依然可以解除劳动合同。需要指出的是，违反规章制度的行为必须达到一定严重的程度，不能将劳动者轻微的违反劳动纪律，一概列为"严重"的情形。同时，用人单位的规章制度需要经过民主讨论。而且用人单位单方解除劳动合同，应当事先将理由通知工会。根据法律规定，用人单位因女职工过错，解除劳动合同的，用人单位无须向女职工支付经济补偿金。

墙体脱落小伙坠楼身亡　安装护栏业主拒绝赔偿
安护栏丧命　老爹找证人

24岁的葛军平在安装防护栏时，因墙皮脱落不慎随护栏一起从5楼坠下身亡，他的父母将安装防护栏的潘女士告上法庭索赔40余万元，因法院认定葛军平不是现场的工作人员，且当时一起干活的同伴也不见了，海淀法院一审判决驳回起诉。昨日，葛军平的父亲来到当时的安装现场，试图寻找目击者。

事发楼下张贴寻人启事

昨日上午，记者在马甸南路2号院8号楼下看到葛军平的父亲，只见45岁的葛双仃已头发花白，虽然事情已过去半年多，但老葛似乎仍没有从丧子之痛的阴影中走出来。

"平儿才24岁，说没就没了，白发人送黑发人呀。"葛双仃哽咽着说，他是河南省南乐县农民，2006年儿子葛军平跟同村葛永强来北京打工，在葛永强租赁的五金建材商店负责联系业务，是家里经济收入的主要来源。

葛双仃说，儿子是跟别人安装护栏时出事的，房屋的主人应该承担一定的责任。但目前没有人证明儿子是在为那家安装护栏时出事，也没有人证明儿子当时在干活。

记者看到，老实的葛双仃拿着事先打印好的征寻证人启事在事发现场楼房下张贴。"希望当时跟儿子一起干活的工人能站出来证明。"葛双仃说。

回放
工人随护栏一起坠下

据葛双仃说，去年10月7日，崔某受户主潘女士委托在葛永强经营的五金建材商店订购防护栏1个，并交纳了200元押金。10月22日葛军平与葛永强等三人一起到潘女士家中安装护栏，护栏装完后，葛军平站到护栏上擦玻璃上的污迹时，不料护栏与墙体一起脱落，导致葛军平从5楼上坠落。10月26日，葛军平因伤势过重医治无效死亡。

葛军平父母在善后过程中，已经找不到葛永强，崔某和安装防护栏的业主潘女士都不愿意赔偿损失。无奈葛军平父母将潘女士告上法庭，索赔40余万元。今年7月3日，海淀法院认定葛军平不是现场的工作人员，同时还认定葛军平与安装防护栏的房屋主人潘女士不构成雇佣关系，一审判决驳回葛军平父母的诉讼请求。

业主：双方没有雇佣关系

昨日，记者联系到安装护栏的业主潘女士，潘女士说，她当时把装修的活儿全部委托给朋友崔某来处理，安装防护栏时她不在现场，只是过了几天才从崔某那儿得知安装护栏出了事。

潘女士认为，她委托崔某在葛永强的五金建材商店购买了护栏，商店还承诺负责安装，并出具了收据，因此她与商店之间存在买卖关系，不同意对方的诉讼请求。

昨天，受潘女士委托的崔某在电话里说，他很同情安装工葛军平的不幸，但他认为葛军平的父母应该起诉真正的雇佣人葛永强。

郝涛/文

（据2008年7月22日《北京晨报》）

>> 律师解读：

装修工人在提供劳务过程中发生损害的，应根据双方各自的过错承担相应的责任

北京市赵晓鲁律师事务所李伟律师认为：

一、如果业主与装修工人为劳务法律关系，装修工人在提供劳务过程中发生损害的，应根据双方各自的过错承担相应的责任

侵权责任法规定，个人之间形成劳务关系，提供劳务一方因劳务造成他人损

害的，由接受劳务一方承担侵权责任。提供劳务一方因劳务自己受到损害的，根据双方各自的过错承担相应的责任。因此，如果作为自然人的业主与装修工人存在劳务关系，装修工人在提供劳务过程中发生损害的，应根据业主与装修工人各自的过错承担相应的责任。如果提供劳务一方的行为与提供劳务无关造成损害，那么接受劳务一方无须承担责任。

需要进一步明确的是，如果接受劳务的一方为个体工商户、合伙企业、公司，或者其他用人单位的，提供劳务的一方为个人在提供劳务中受到损害的，根据法律规定，应由接受劳务的用人单位承担责任。

二、如果业主与装修工人双方为承揽合同法律关系，装修工人在完成工作过程中发生损害的，一般情况下，业主不承担责任

合同法规定，承揽合同是承揽人按照定作人的要求完成工作，交付工作成果，定作人给付报酬的合同。承揽包括加工、定作、修理、测试、检验等工作。承揽合同与劳务合同的区别在于：承揽合同的劳动者所交付的标的是劳动成果，而劳务合同的劳动者交付的标的是劳动，定作人与承揽人之间不存在劳务关系。根据侵权责任的司法解释规定，除定作人对定作、指示或者选任有过失的外，承揽人在完成工作过程中对第三人造成损害或者造成自身损害的，定作人不承担赔偿责任。

三、如果业主与装修工人双方为买卖合同法律关系，同时在买卖合同中又约定了设备、设施的安装或者调试条款，那么，装修工人在完成工作过程中发生损害的，一般情况下，业主也不承担责任

合同法规定，买卖合同是出卖人转移标的物的所有权于买受人，买受人支付价款的合同。在家庭装修、装饰过程中，人们购买家装材料以及家用设备、设施的同时，出卖方与买受方又约定了家装材料以及家用设备、设施的安装或调试的内容。对此约定的内容，我们认为，双方之间既存在买卖法律关系，又存在承揽法律关系。根据承揽法律关系，出卖人在完成工作过程中发生损害的，一般情况下，作为业主的买受人也不承担责任。

四、居民家庭装修、装饰选择施工人应当防范的法律风险

居民家庭装饰、装修，工程规模虽然不大，但同样要考虑施工的质量，更要考虑施工的安全。为了防范施工安全风险，家庭装修、装饰选择施工人应当考虑以下几个方面：首先选择正规的，有施工资质的施工企业。不要贪图价格便宜，选择没有资质的企业，甚至是个人装修。其次，选择施工企业后，双方要签订书面的施工或者装修装饰合同，将双方的权利和义务尽可能约定得详细。第三，居民业主可对施工过程实行可行的、必要的监管。

假房产证过了公证关
受害人向公证处索赔被驳回

因高女士将房产作为抵押在公证处办理了公证,郑先生放心地将30万元借给了她。但他没想到,高女士竟拿伪造的房产证去做公证。因借款至今没有追回,郑先生将公证处告上法院要求索赔损失。记者昨天获悉,海淀法院一审驳回了其诉讼请求。

据郑先生说,2007年6月,他经朋友介绍与高女士相识。高女士后向他提出借款要求,并称可用她所有的房屋产权作抵押担保。同月28日,两人到公证处办理了《借款协议》公证,当天郑先生就将30.69万元借给了高女士。次日后,公证处出具了《借款协议》公证书。郑先生发现高女士无法为其办理房屋产权抵押手续后立刻报警,当天高女士就被警方抓获。郑先生认为,公证处未尽核查义务,造成借款无法归还,对此应当承担赔偿责任。故起诉要求公证处赔偿损失30.69万元。

公证处辩称,郑先生和高女士在办理公证时隐瞒事实,有骗取公证书的行为。

法院认为,郑先生和高女士未如实向公证处陈述借款有利息的约定,有隐瞒事实的行为。公证处办理公证的过程中,已告知郑先生和高女士申请公证事项的法律意义和可能产生的法律后果,但郑先生未按照公证处的告知,在未取得公证书、亦未办理房屋产权抵押手续时,即将借款出借给高女士,对此应当自行承担相应的民事责任。此外,刑事判决已判定高女士退赔30.69万元返还郑先生,郑先生作为被害人已得到了相应的司法救济,不应再行主张权利。法院同时认为,公证处如能更加全面、客观地审查,则有可能避免本次诉讼的纷争。

颜斐/文

(据2008年11月26日《北京晨报》)

>> 律师解读：

公证机构未依法尽到审查、核实义务
应当承担与其过错相应的补充赔偿责任

北京市赵晓鲁律师事务所李伟律师认为：

公证是公证机构根据公民、法人或者其他组织的申请，依照法定程序对民事法律行为、有法律意义的事实和文书的真实性、合法性予以证明的活动。例如对合同、继承等民事法律行为的公证，对出生、身份、学历、学位、职务、职称等有法律意义的事实的公证，对文书上的签名、印鉴、日期，文书的副本、影印本与原本相符的文书公证。经过公证的民事法律行为、有法律意义的事实和文书有较高的证明效力。

当事人对民事法律行为、有法律意义的事实和文书的真实性申请公证，可以向住所地、经常居住地、行为地或者事实发生地的公证机构提出。申请办理涉及不动产的公证，应当向不动产所在地的公证机构提出，如果申请办理涉及不动产的委托、声明、赠与、遗嘱的公证，也可以向住所地、经常居住地、行为地或者事实发生地的公证机构提出。

申请办理公证的当事人提出申请时，应当向公证机构如实说明申请公证事项的有关情况，提供真实、合法、充分的证明材料，公证机构受理后，应告知当事人申请公证事项的法律意义和可能产生的法律后果，并根据具体的公证事项审查当事人提供的材料。

报道案例中，为提供抵押担保《借款协议》民事法律行为的公证。对于签订合同等民事法律行为的公证，公证机构应当对当事人提供材料进行审查。如果申请办理公证当事人一方提供了虚假证明材料，公证机构对证明材料未依法进行审查或核查，其出具的公证书则可能为错误的公证书。

根据法律规定，当事人提供虚假证明材料申请公证致使公证书错误造成他人损失的，当事人应当承担赔偿责任。公证机构依法尽到审查、核实义务的，不承担赔偿责任；未依法尽到审查、核实义务的，应当承担与其过错相应的补充赔偿责任；明知公证证明的材料虚假或者与当事人恶意串通的，承担连带赔偿责任。

因此，公民、法人或者其他组织在办理公证事项前，对办理公证事项应向律师进行咨询，或者委托律师对办理公证事项涉及的相关材料向相关部门进行尽责调查，或者委托律师代理办理该公证事项，以避免由于错误公证，造成自己不必要的经济损失。

丈夫车祸变成植物人　为看病家中负债累累
妻子要改嫁　觅伴护病夫

　　和自己生活了28年的丈夫在4年前的一次车祸中不幸变成了植物人，50多岁的张女士因不堪生活的重负到法院提出离婚。

　　她说，这样做是为了再婚招夫，和未来的丈夫一起供养前夫。记者昨天了解到，密云法院已受理了此案。

　　1980年7月1日，家住密云的张女士与丈夫王某登记结婚，婚后两人有了一个女儿，现已成年并有了一份不错的工作。2004年2月13日，王某在密云县一环岛处发生交通事故，被撞成植物人，完全失去了生活自理能力。从此，照顾植物人丈夫的重担由张女士承担起来。据张女士说，4年来，为了给丈夫治病，她四处借钱，负债累累。由于自己没有经济收入，现在生活陷入了困境，非常窘困。因为无法承担家庭的重担，万般无奈下，张女士才有了和丈夫离婚、再婚后招夫入赘共同供养王某的念头。

　　结婚28年后，张女士将自己因车祸致残的植物人丈夫诉至法院，请求离婚，并表示此举是为了找人再婚对其共同供养。近日，密云法院受理了这起离婚案。

　　记者了解到，张女士和她的女儿以案件涉及个人隐私为由，明确拒绝接受采访。目前此案还在进一步的审理之中。

颜斐/文

（据2008年6月6日《北京晨报》）

>> 律师解读：

"植物人"丈夫无行为能力　妻子提出离婚于法有据

北京市赵晓鲁律师事务所李伟律师认为：

夫妻双方因感情破裂，提出离婚的，双方可以达成书面离婚协议后，到原先办理结婚登记的婚姻机关办理离婚登记；双方不能达成离婚协议的，也可以到一方所在地的人民法院提起离婚诉讼，由人民法院经过审理后，判决离婚。

人民法院审理离婚案件，准予或不准离婚应以夫妻感情是否确已破裂作为区分的界限。现行婚姻法规定，有下列情形之一，调解无效的，应准予离婚：（一）重婚或有配偶者与他人同居的；（二）实施家庭暴力或虐待、遗弃家庭成员的；（三）有赌博、吸毒等恶习屡教不改的；（四）因感情不和分居满二年的；（五）其他导致夫妻感情破裂的情形。一方被宣告失踪，另一方提出离婚诉讼的，应准予离婚；现役军人的配偶要求离婚，须得军人同意，但军人一方有重大过错的除外；女方在怀孕期间、分娩后一年内或中止妊娠后6个月内，男方不得提出离婚。女方提出离婚的，或人民法院认为确有必要受理男方离婚请求的，不在此限。

报道案件中，张女士因丈夫交通事故成为植物人，为给丈夫医病，负债累累，向法院提出离婚诉讼，并表示此举是为了找人再婚对其共同供养。对于张女士离婚的目的，属于道德调整的范畴，对此不予过多的评判。单从法律的角度来谈，其夫因交通事故成为植物人，法院是如何评判双方感情确已破裂，并判决予以离婚的？

最高人民法院公布的《关于审理离婚案件如何认定夫妻感情确已破裂的若干具体意见》中规定，一方患有法定禁止结婚疾病的，或一方有生理缺陷，或其他原因不能发生性行为，且难以治愈的，视为夫妻感情确已破裂。一方坚决要求离婚，经调解无效，可依法判决准予离婚。上述规定是司法实践中，最高人民法院根据婚姻法的有关规定和审判实践经验制定的，是人民法院处理离婚案件，判断双方感情破裂的依据。

报道案件中，张女士的丈夫成为植物人，已经无行为能力和思想感情，不能尽夫妻义务，如再维系这种夫妻关系，对双方均无益处，因此，张女士提出离婚请求，法院判决双方予以离婚，符合法律的规定。

女方称男方牛市赚了20万
法院判决时遇熊市剩3000
离婚分股票难断折现点

认为丈夫和年轻的女股民发生暧昧关系，年近60岁的张老太一纸诉状将61岁的李老汉推上被告席，在提出离婚的同时要求法院分割共有财产。对于丈夫手里的股票，崇文法院日前在离婚判决书中认定，股票应先折合成市值，然后一方给予另一方现金补偿。

据张老太说，丈夫李老汉是1996年开始炒股的，炒股的3万元本金也是从家里拿的。"当时他还没有退休，后来整个心思都放在股票上，就从单位办了内退手续，开始专职炒股。"张老太说，自从丈夫炒股后，就像变了个人一样。2000年，李老汉在证券所认识了28岁的女股民王某，两人之间的密切关系引起了张老太的强烈不满。"丈夫经常带她到家里来玩，他们在一起聊得眉飞色舞，丈夫却让我给他们端茶递水还要做饭。"张老太说，王某还常打电话给丈夫，语气很亲热。自己向丈夫表达过不满情绪。张老太说，自己多次跟踪过丈夫到股票市场，李老汉发觉后为了甩掉她的跟踪，换了几家证券所炒股。

去年12月2日张老太将丈夫起诉到法院，要求离婚。张老太说，她对这些年丈夫都买过什么股票，赚了多少钱她并不清楚。虽然丈夫一直说他赔钱，但毕竟经历过大牛市，他手里的股票盈利应该有20万元左右。在请求法院判决分割夫妻共同财产中，张老太也要求依法分得上述股票财产。庭审中，李老汉否认自己和王某有不正当关系，但他同意离婚，但认为股票都应归自己所有。

法院经审理查明，2008年12月，李老汉的住房公积金有近2万元，存款近3000元。第一次开庭后，法官调取了截止到2008年12月25日李老汉在证券所持有的股票市值，金额为3213元。

法院判决双方离婚，李老汉名下的住房公积金、存款、股票，应作为夫妻共同财产进行分割。法官将截止到2008年12月25日的股票市值，与住房公积金和存款的补偿款一起计算，最后判令李老汉补偿张老太共计14000元。目前，由于对于财产的分割不满，双方提出了上诉。

据了解，目前很多法院都审理过类似的股票分割的离婚诉讼。而对于离婚时股票市值认定时间，法律尚无明确规定，持有股票的离婚双方当事人往往会发生分歧。股票市值每天都变，在不同时间认定，其价值会相差很多。对此，法官们有自由裁量权，往往自行确认时间点。有的以受理之日为准，有的以开庭或判决之日为准。

代理此案的晏军华律师认为，法官应该告知当事人，确认股票市值的时间点的选择。之后，法官应该建议双方当事人，自行选择一个特定时间，在该时间将股票冻结，固定市值，最后进行分割。

颜斐/文

（据2009年5月5日《北京晨报》）

>> 律师解读：

离婚案件中，股票作为财产分割很复杂

北京市赵晓鲁律师事务所李伟律师认为：

一、离婚案件中夫妻共同财产的认定

婚姻法规定了夫妻在婚姻关系存续期间所得的下列财产，为夫妻共同财产：（1）工资、奖金；（2）生产、经营的收益；（3）知识产权的收益；（4）继承或赠与所得的财产，但遗嘱或赠与合同中确定只归夫或妻一方的财产除外；（5）一方以个人财产投资取得的收益；（6）男女双方实际取得或者应当取得的住房补贴、住房公积金；（7）男女双方实际取得或者应当取得的养老保险金、破产安置补偿费；（8）军人名下的复员费、自主择业费等一次性费用；（9）其他应当归共同所有的财产。

婚姻法也明确规定了以下财产，为夫妻一方的财产：（1）一方的婚前财产；

（2）一方因身体受到伤害获得的医疗费、残疾人生活补助费等费用；（3）遗嘱或赠与合同中确定只归夫或妻一方的财产；（4）一方专用的生活用品；（5）军人的伤亡保险金、伤残补助金、医药生活补助费；（6）其他应当归一方的财产。

婚姻法规定了哪些财产为夫妻共同财产，哪些财产为夫妻一方的财产，即夫妻财产法定制。同时婚姻法也明确了夫妻财产约定制，即夫妻可以约定婚姻关系存续期间所得的财产以及婚前财产归各自所有、共同所有或部分各自所有、部分共同所有。夫妻对婚姻关系存续期间所得的财产以及婚前财产的约定，对双方具有约束力。

夫妻财产的认定，如果夫妻之间有约定的，按照双方的约定认定，夫妻之间对财产没有约定的，按照法律规定认定。即约定由先原则。需要进一步提醒的是，约定夫妻财产的，双方应当采用书面形式。

二、离婚案件中作为夫妻共同财产上市股票的分割。离婚案件中，股票作为财产分割时会比较复杂，可能存在以下不同的情况

（1）如果双方协商能够分割的，按照双方达成协商内容进行分割；

（2）如一方要股票另一方要现金，可确定一个日期作交割日，按照该日的一个价格（如开盘价、收盘价、最高价、最低价或某一时刻的价格）或者按照一定时期内（如判决生效前一个月）的平均价格确定股票价值，取得股票一方按照财产分割比例给付对方相应价款；

（3）如果双方协商不成或者按市价分配有困难的，人民法院可以根据数量按比例分配；

（4）如双方都希望取得股票，可通过竞价方式由出价高的一方获得股票，并按竞价数额和财产分割比例支付对方钱款。

（5）如双方都不希望取得股票，可在双方确定的时间内，通过证券交易所交易，对卖出股票价款进行分割。

一女子投下三份保险蹊跷离世

保险公司拒赔66万保险金
"自杀"还是"意外身亡"成焦点

信诚人寿保险公司一名27岁的女保险员因过量服用治疗癫痫的药,蹊跷离世,她身后留下了66万元保险金。但信诚人寿以被保险人是自杀为由拒付保险金,于是死者家属将保险公司诉到法院,索要这笔保险金。

事件回放:女保险员身亡　保险公司拒赔

据原告代理律师说,郭小姐是信诚人寿保险公司北京分公司的业务员,她于2005年先后与该公司签订了3份保险合同,按照3份合同的规定,郭小姐在合同规定期限内发生死亡,她的父母和妹妹将得到总额高达66万元的保险金。2006年12月20日,郭小姐突然死亡。经法医鉴定,郭小姐符合苯巴比妥中毒死亡。郭小姐的家人要求信诚人寿保险公司支付这一大笔保险金。最终,该保险公司以"郭小姐系自杀"为由,拒绝予以理赔。双方为此闹上法庭。

案件焦点:死者是自杀还是意外死亡?

在此前的庭审中,原告代理律师说,信诚人寿保险公司方面将"郭小姐符合苯巴比妥中毒死亡"等同于"郭小姐自杀",是理解上的错误,缺乏事实和法律依据。

被告代理律师反驳说:"郭小姐是因与男友发生口角,服药自杀身亡的。保险合同规定,在投保两年内,郭小姐如果自杀,保险公司不承担保险责任。"信诚人寿方面请求法院驳回对方的诉讼请求。

为了证明自己的主张,信诚人寿保险公司方面向法院申请调取公安机关的案卷。法官当庭宣读了郭小姐男友高某及其妹妹的笔录。据高某陈述,2002年,他与郭小姐相识，但他有妻子，于是，他在通州区买了房，郭小姐与他住在那里。事发前一天，郭小姐提出在圣诞节时去菲律宾游玩，他说自己没有时间，郭小姐很生气，与他吵了起来，还抓起治疗癫痫病的药往他嘴里塞。第二天，他发现郭小姐躺在卧室床上，报了999，但已经没救了。郭小姐的妹妹则称，40多岁的高某承诺离婚却一直没有离，并且还与其他女人有来往，郭小姐曾用割腕、服药等自杀方式威胁高某。

原告代理律师表示："这些人都没有在第一现场，他们的话不能证明郭小姐的死是自杀。"庭审中，保险公司还提供了999急救中心的急救医疗记录。在医疗记录中，抢救医生认为郭某病发原因系自杀。而原告代理律师说，在此案中，公安机关没有认定郭小姐系自杀。

宣判结果：法院认定死者系自杀

昨天15时，死者郭小姐的家人并没有出庭，原告席上只有其家人的代理人。在判决中，法院排除了郭小姐系意外死亡的可能。法院认为，意外伤害或致死的原因必须是外来的，同时必须有侵害的对象，有侵害的事实，而且，只有原因是意外的才能构成意外，结果是意外也不能构成意外。由此可见，郭小姐超剂量地服用苯巴比妥不是外来的、突发的，也不存在侵害对象和侵害事实。原告应对郭小姐属于意外致死负有举证责任，却未能提供足够的证据加以证明。

法官宣读判决书中还提到："郭小姐生前并未患有癫痫类疾病，没有服用苯巴比妥这类处方药的理由和必要，更没有理由和必要超剂量地服用，且根据被保险人郭小姐的认知程度，其对服药将产生的后果是明知的……郭小姐服药行为的本身可认定存在自杀的意图且实施了自杀的行为。"最终，法院驳回了原告的诉求。

庭后追访：郭小姐家人将提起上诉

庭后，原告代理人说，公安机关介入此案查明，郭小姐是非正常死亡，那么，只能由公安机关、法医鉴定部门确定郭小姐的死因，其他机关没有权力做出结论，法院认定郭小姐系自杀已经超出了自己的审查范围。

据原告代理人介绍，郭小姐的家人已经预料到这个结果，将会提起上诉。

"这个判决将会影响到其他的投保人,不利于商业人寿保险业的发展。"原告代理人说,法院认为举证责任在死者家属,这意味着,每个当事人在投保时将要考虑自己的家人能否鉴定死因,如果其家人无法做出,当事人对投保人寿险只能三思而行了。这位代理人认为,举证责任应该由保险公司来承担。

被告保险公司的代理人不同意对方关于举证责任的看法。"被保险人死亡时,家人应当保存好现场,及时通知保险公司和相关部门,做好证据保存。"被告代理人说,这样有利于家人向保险公司要求理赔,也有利于查明被保险人死因。

武新/文

(据2009年5月11日《北京晨报》)

>> 律师解读:

保险单的现金价值与保险金是完全不同的两个概念

北京市赵晓鲁律师事务所李伟律师认为:

一、商业保险中人身保险法律关系涉及的主体

人身保险是以人的寿命和身体为保险标的的保险,人身保险区别于以财产及其有关利益为保险标的的财产保险。人身保险合同中一般涉及4个主体,即投保人,被保险人,保险人,受益人。

投保人是指与保险人订立保险合同,并按照合同约定负有支付保险费义务的人。

保险人是指与投保人订立保险合同,并按照合同约定承担赔偿或者给付保险金责任的保险公司。

被保险人是指其人身受保险合同保障,享有保险金请求权的人。投保人可以为被保险人。人身保险合同中的被保险人仅限于有生命的自然人。因为人身保险是以人的寿命和身体作为保险标的,以被保险人的死亡、伤残、疾病或达到合同约定的年龄、期限作为保险事故的保险。

受益人是指人身保险合同中由被保险人或者投保人指定的享有保险金请求权

的人。投保人、被保险人可以为受益人。投保人或者被保险人未指定受益人的，投保人以被保险人的寿命为保险标的的，也即被保险人死亡的，保险金的请求权人为被保险人的法定继承人。

报道案例中，郭小姐是投保人，也是被保险人，保险公司系保险人。如果郭小姐指定了受益人，受益人是保险金请求权人，未指定受益人的，郭小姐的继承人则为保险金的请求权人。

二、人身保险合同中的保险金额的确定

人身保险合同中保险金额是由保险合同当事人根据被保险人的需要和投保人支付保险费的能力约定的。由于作为保险标的的人的寿命和身体难以用金钱计算价值，所以，在人身保险中不存在保险价值，不会出现保险金额超过保险价值，或者保险金额低于保险价值的情形，也不适用按实际损失承担赔偿责任的原则。

三、人身保险中保险单的现金价值不同于保险金

我国保险法规定了在一定情况下，以被保险人死亡为给付保险金条件的人身保险合同，保险人免责的制度。法律规定在以下三种情况下，保险人不承担给付保险金的责任：第一种情况就是被保险人自保险合同成立不满两年自杀的；第二种情况是投保人、受益人故意造成被保险人死亡的；第三种情况是被保险人故意犯罪导致其自身死亡的。

对于第一种情况，虽然保险人不承担保险金的给付责任，但应向受益人退还保险单的现金价值；对于第二种及第三种情况，如果已交足二年以上保险费的，保险人应当向受益人退还保险单的现金价值，但受益人故意造成被保险人死亡的，则丧失受益权。

保险单的现金价值与保险金是完全不同的两个概念。现金价值是指投保人退保或保险公司解除保险合同时，由保险公司向投保人或受益人退还之前多缴保费及其利息的积存金。保险单的现金价值一般都大大低于人身保险合同所约定的保险金。

报道案例中，法院确认郭小姐系自杀死亡，判决驳回了郭小姐继承人请求给付保险金的诉讼请求。法院判决生效后，作为保险人的保险公司应当给付郭小姐的继承人保单的现金价值。

安童谜样身世引激辩
曾被捧为身残志坚偶像

走进法庭的一瞬间,面对曾经如此熟悉的媒体闪光灯和镜头,安童不自然地把脸转向了一边。这位曾被许多媒体报道的"身残志坚"的少女昨天上午因涉嫌诈骗罪,走上了大兴区法院法庭。在8个小时的审理过程中,安童的律师为其做无罪辩护。而安童的身份、实际年龄、是否骗钱等问题控辩双方有着很大的分歧。

谜团之一:真实姓名

上午9时,预定的开庭时间已到,但法庭上却缺少了"主角"安童的身影。原来,由于安童曾使用过刘安童、刘晶、刘红霞等多个名字,当法警一早按照起诉书上的名字刘安童去看守所提人时,看守所方面表示查无此人,法警只得空车返回。公诉人在得知此事后,赶紧告知其在看守所登记的名字是安童,10时10分,一瘸一拐的安童才被法警押进法庭。

谜团之二:实际年龄

"我叫刘安童,出生于1988年12月26日。"扎着两条小辫的刘安童操着"童声"回答法官的提问。但检察官表示,依据内蒙古乌审旗达布察克镇民政局以及当地派出所出具的证明,刘安童系1971年出生,现已37岁。但检察官同时也表示,根据一份骨龄测定显示,安童的实际年龄在25岁左右。

谜团之三:精神状况

昨天的庭审中,安童的情绪始终比较激动。还未在被告席上坐稳,她便开始掩面流泪。当法官开始向她提问时,安童半天没有讲话,随后低声说了一句"我紧张"。而在公诉方证人出庭作证时,安童也屡次失控喊出"不是这样的"。在庭审中,面对公诉人提出"是否曾声称自己是转世灵童、说过需要3万元现金搭建莲花台,请天上七仙女为自己治腿"等话时,安童称自己说过这些话,并仍表示"我觉得我自己特灵"。安童始终不承认自己是诈骗行为。而安童的3名证人则表示,安童精神上可能有些问题,但并不存在诈骗。

谜团之四:如何诈骗

昨天,称被骗的被害人刘某出庭作证。法庭上,刘某说自己先后拿出了16.8万元用在安童身上。因为安童说她被已去世的姥姥灵魂附身,要购买护身符。而根据刘某等人的表述,安童似乎是他们心中的"神",安童怎么说自己就要怎么做。如果他们做错事,还会遭到安童打。刘某在庭上没有过多讲述自己为何要如此听信安童的话,只表示:"我现在觉得那是我最大的耻辱。"

(据2008年5月15日《北京晨报》)

>> 律师解读:

已满十六周岁的人犯罪,应当负刑事责任

北京市赵晓鲁律师事务所马玉芬律师认为:

犯罪嫌疑人在侦查、审查起诉及庭审中为什么要隐瞒自己的实际年龄?隐瞒自己的实际年龄对他们有什么好处吗?公安机关、检察院及法院就没有应对措施吗?这就涉及《刑法》及《刑事诉讼法》中的刑事责任年龄,刑事责任年龄是指法律规定的应当对自己犯罪行为负刑事责任的年龄。只有达到法定年龄的人实施了犯罪行为,才能追究其刑事责任。对于没有达到法定年龄的人,即使实施了危害社会的行为,也不负刑事责任。

我国《刑法》中对刑事责任年龄的规定如下:

第十七条 已满16周岁的人犯罪,应当负刑事责任。

已满14周岁不满16周岁的人,犯故意杀人、故意伤害致人重伤或者死亡、强奸、抢劫、贩卖毒品、放火、爆炸、投毒罪的,应当负刑事责任。

已满14周岁不满18周岁的人犯罪,应当从轻或者减轻处罚。

因不满16周岁不予刑事处罚的,责令他的家长或者监护人加以管教;在必要的时候,也可以由政府收容教养。

已满75周岁的人故意犯罪的,可以从轻或者减轻处罚;过失犯罪的,应当从轻或者减轻处罚。

《刑法》第四十九条规定,犯罪的时候不满18周岁的人和审判的时候怀孕的妇女,不适用死刑。

审判的时候已满75周岁的人,不适用死刑,但以特别残忍手段致人死亡的除外。

由此可见,刑法中对于未成年人及年龄在75周岁以上的人犯罪是有法定的从轻、减轻情节的,如果犯罪嫌疑人或者被告人一旦自报的虚假的在上述规定范围内的年龄被认定,则会享受法定的从轻或减轻情节,从而逃避应有的刑事处罚。

我国《刑事诉讼法》对于当事人自报的年龄、姓名的规定如下:

犯罪嫌疑人不讲真实姓名、住址,身份不明的,应当对其身份进行调查,侦查羁押期限自查清其身份之日起计算,但是不得停止对其犯罪行为的侦查取证。对于犯罪事实清楚,证据确实、充分,确实无法查明其身份的,也可以按其自报的姓名起诉、审判。

根据我国刑事法律的相关规定,被告人真实身份不明,受理条件的,应当依法受理。

对公诉案件是否受理,应当在7日内审查完毕。

由此可见,如果相关机关确实未查清犯罪嫌疑人或者被告人的姓名、年龄等身份的,只能按照犯罪嫌疑人或者被告人自报的姓名及年龄进行认定。这种情况的出现主要是源于我国户籍管理制度中存在的一些瑕疵造成的,尤其是偏远山区,年龄及姓名都是按照自报的进行户籍登记管理,加之现在人口流动性比较大,更加增加了户籍管理的难度。

司法实践中确认被告人刑事责任年龄的证据材料主要包括:被告人的户籍证明、出生证明、学籍卡、被告人的供述以及相关的证人证言。一般情况下,户籍证明可以确认被告人的刑事责任年龄,其次为医院出具的出生证明。如果被告人刑事责任年龄的证据材料有冲突时，司法机关结合其他的证据材料综合考虑，对被告人的刑事责任年龄予以认定。

至于骨龄鉴定，根据最高检的规定，如果被告人不讲真实姓名、住址，年龄不明而且无法查实真实年龄的情况下，而且犯罪嫌疑人的年龄又可能影响到刑法中的定罪量刑，可以委托进行骨龄鉴定或其他科学鉴定，经审查后，鉴定结论能够准确确定被告人实施犯罪行为时的年龄，可以作为判断被告人年龄的证据使用；如果鉴定结论不能准确确定被告人实施犯罪行为时的年龄，应当依法慎重处理。

"本岸"原董事长犯虚报注册资本罪和职务侵占罪
王海涛领刑8年

以虚假手段成立注册资本达5000万元的北京伯雅房地产开发公司,在通州建起了本岸小区。然而,房子还未盖好,公司资金链断裂,引爆数千业主维权。记者昨天获悉,该公司原董事长王海涛因虚报注册资本罪和职务侵占罪,被处以有期徒刑8年,罚金239万元。

35岁的王海涛高中毕业。2000年10月,成立注册资金为1000万元的伯雅公司。王海涛承认,其中20万元现金是他向母亲借的,200万元是以钢材作为实物出资。其余的资金,他找了家注册代理公司帮忙弄了些发票,以"实物出资"的方式解决了。

两年后,为公司升级到一级资质,王海涛又通过虚报注册资本4000万元,使公司成功增资到了5000万元。之后,伯雅公司拿到了"本岸"小区的开发项目,但公司的"虚火"很快就出现了问题。

根据合同约定,开发商应于2005年7月1日交房,但伯雅公司却一再拖延交房时间。2006年12月31日,数百名"本岸"楼盘业主收房时发现售楼处人去楼空,于是报警。最终,北京新建房地产开发公司接管继续建设。

同时,伯雅公司的董事长王海涛被他的一位副总举报到公安部门,称其挪用3000万元资金到南方开矿。去年2月14日,王海涛被刑事拘留。经过审理,法院认定王海涛的行为构成了虚报注册资本罪以及职务侵占罪。

记者了解到,"本岸"楼盘至去年年底全部交房,并改名为"群芳一园"。业主因延迟交房讨要违约金的大规模诉讼至今还在进行中。

业主姚女士告诉记者,今年6月,最初起诉的3位业主已拿到改判胜诉的判决书,却至今没有拿到钱,现已向通州法院申请了强制执行。"一个半月前,新的开发商通知业主们办理房产证入住手续,但因该小区的房子至今没有经过相关部门的正式验收，绝大多数业主都予以拒绝。"姚女士说。

颜斐/文

（据2008年8月4日《北京晨报》）

>> 律师解读：

虚报注册资本数额巨大、后果严重或者有其他严重情节的行为单位和个人均可以成为此罪的主体

北京市赵晓鲁律师事务所马玉芬律师认为：

虚报注册资本罪属于我国刑法中妨害对公司、企业的管理秩序罪中的一个罪名，是指申请公司登记时使用虚假证明文件或者采取其他欺诈手段虚报注册资本，欺骗公司登记主管部门，取得公司登记，虚报注册资本数额巨大、后果严重或者有其他严重情节的行为，单位和个人均可以成为此罪的主体。

本罪的刑事处罚规定如下：虚报注册资本数额巨大、后果严重或者有其他严重情节的，处3年以下有期徒刑或者拘役，并处或者单处虚报注册资本金额1%以上5%以下罚金。

单位犯前款罪的，对单位判处罚金，并对其直接负责的主管人员和其他直接责任人员，处3年以下有期徒刑或者拘役。

2005年修订后的《公司法》第二十六条规定，有限责任公司的注册资本为在公司登记机关登记的全体股东认缴的出资额。公司全体股东的首次出资额不得低于注册资本的20%，也不得低于法定的注册资本最低限额，其余部分由股东自公司成立之日起两年内缴足；其中，投资公司可以在五年内缴足。

有限责任公司注册资本的最低限额为人民币3万元。法律、行政法规对有限责任公司注册资本的最低限额有较高规定的，从其规定。

值得注意的是，我国于2014年对《公司法》进行了修订，将以前的公司注册资本制度修改为，有限责任公司的注册资本为在公司登记机关登记的全体股东认缴的出资额。法律、行政法规以及国务院决定对有限责任公司注册资本实缴、注册资本最低限额另有规定的，从其规定。

《公司法》对于注册公司时的资本制度进行修订，如何将《公司法》与现行刑法中的虚报注册资本罪进行很好的衔接，全国人民代表大会常务委员会讨论了公司法修改后刑法第一百五十八条、第一百五十九条对实行注册资本实缴登记制、认缴登记制的公司的适用范围问题，解释如下：

刑法第一百五十八条、第一百五十九条的规定，只适用于依法实行注册资本实缴登记制的公司。

上述解释中的，一百五十八条是对虚报注册资本罪的规定，一百五十九条是对虚假出资、抽逃出资罪的规定。

公司自登记成立时起，就具有了独立的法人资格，股东的出资及公司经营期间取得的利润均是公司的财产，而非股东个人的财产，任何人不得非法侵占。公司在弥亏损和提取公积金后所余的税后利润，可以依法由股东进行分红但如果公司的股东、经理、董事、高管等人员，利用职务上的便利，将本单位财物非占为有（包括侵吞、窃取、骗取或以其他段占用公司的财物），则可能触犯刑法，构成职务侵占罪，数额巨大的，处五年以上有期徒刑，可以并处没收财产。

定案"伤害"罪 李有成不满

昨天,记者从昌平法院了解到,砍伤太平家园业委会秘书长李有成的犯罪嫌疑人田明亮以故意伤害罪被昌平法院判处有期徒刑两年,同时被判赔偿李有成医疗费4800余元。面对此判决,李有成却仍表示不满意。

6月27日,本报以《供出真凶,甘愿放过你》为题报道了太平家园业委会秘书长李有成被砍一案的庭审经过。昨日,昌平法院对砍伤李有成的24岁黑龙江籍男子田明亮做出了一审判决。

法院经审理认为,田明亮伙同他人,持械故意伤害他人身体,致人轻伤,其行为已构成故意伤害罪,应予惩处。鉴于被告人田明亮认罪态度较好,法院采纳辩护人提出的意见,对其从轻处理。最终以犯故意伤害罪,判处田明亮有期徒刑两年。

对于原告李有成提起的连带民事赔偿诉讼,法院判决被告人田明亮赔偿原告李有成医疗费人民币4805.34元。

但对于附带民事诉讼原告李有成辩称被告人田明亮的行为系故意杀人(未遂)的意见,法院认为缺乏事实及法律依据,不予采纳。

昨天,记者第一时间联系了当事人李有成。"我对这个判决还是不太满意,不是在于他被判了多少年,而是这个罪名,我还是认为他是故意杀人未遂。"李有成说,他正在准备材料,准备提出上诉。

姜晶晶/文

(据2008年7月3日《北京晨报》)

>> 律师解读：

故意伤害罪，是指故意非法损害他人身体健康的行为

北京市赵晓鲁律师事务所马玉芬律师认为：

故意杀人罪和故意伤害罪同属于我国刑法中的侵犯公民人身权利、民主权利罪中的罪名，二者在一定的情况下容易混淆。

故意杀人罪，是指故意非法剥夺他人生命的行为。本罪的客体，为他人的生命权利。本罪的客观方面，为非法剥夺他人生命的行为。本罪的主体为一般主体，凡年满14周岁的具有刑事责任能力的自然人均可构成。本罪在主观方面为行为人具有非法剥夺他人生命的故意，包括直接故意和间接故意。间接故意构成故意杀人一定要求有死亡的结果。

故意伤害罪，是指故意非法损害他人身体健康的行为。本罪的客体为他人的身体健康权，身体健康权是指他人对于保持其肢体、器官、组织的完整和正常机能的权利。本罪的客观方面为非法损害他人身体健康的行为。本罪的主体是一般主体，但是故意伤害致人重伤或死亡的，主体为年满14周岁，具有刑事责任能力的自然人，其他情况下，主体即为年满16周岁，具有刑事责任能力的自然人。本罪的主观方面要求具有非法伤害他人身体健康的故意。

同时二者在刑事处罚方面也有一定的区别。

故意杀人的，处死刑、无期徒刑或者10年以上有期徒刑；情节较轻的，处3年以上10年以下有期徒刑。

故意伤害他人身体的，处3年以下有期徒刑、拘役或者管制。犯前款罪，致人重伤的，处3年以上10年以下有期徒刑；致人死亡或者以特别残忍手段致人重伤造成严重残疾的，处10年以上有期徒刑、无期徒刑或者死刑。本法另有规定的，依照规定。

通过比较即可看出二者的区别，故意杀人未遂与故意伤害的相同之处是都造成了伤害的结果，区别的关键在于故意的内容不一样，同时也要结合客观行为来分析。如果行为人具有非法剥夺他人生命的故意，无论是否造成死亡的结果，都应认定为故意杀人罪；如果行为人只具有非法损害他人健康的故意，无论是否造

成他人死亡的结果，都只能认定为故意伤害罪。实践中，有三种特殊情况：行为人突然实施犯罪，故意的内容不确定或者不顾他人死伤的，一般可按其实际造成的结果定罪；因打架斗殴致人死亡的，除了明显具有杀人故意的按故意杀人罪论处外，一般可按故意伤害致死定罪；故意伤害与故意杀人的界限确实无法分清的，一般本着疑罪从宽原则处理。

  结合本案，究竟是故意杀人还是故意伤害则要看当时田明亮的主观故意的内容是什么？如果只是想伤害对方，而没想要对方的命，则一般以故意伤害定罪量刑。如果犯罪嫌疑人说自己没想要对方的命，但在实施伤害行为时，都是在致命部位进行，比如拿刀扎被害人的心脏，用重物打击被害人的头部等，这样定罪时一般要考虑定故意杀人罪。

2块手表、7双鞋、8条项链……
菲佣进家门 物品长了"脚"

2块手表、8条项链、2对耳钉、7双鞋……徐女士从菲佣的邮包里翻出这些自己失窃的财物,自从菲佣夏瑞娜来家工作后,家里的东西就一件一件地失踪。

顶着"世界最专业保姆"的头衔,菲律宾女佣夏瑞娜在两个月的时间内偷走女主人5万余元的财物。一中院昨天通报,夏瑞娜因犯盗窃罪,被判处有期徒刑5年,并处驱逐出境。

去年7月,36岁的夏瑞娜通过北京某家政公司,来到徐女士家中服务。没多久,徐女士逐渐察觉家里东西好像长了腿:手表、床上用品、项链以及衣物,总是莫名其妙地失踪。

还有一次,徐女士的母亲也抱怨说,小孙子的游戏机在家中不见了。而在此之前,夏瑞娜刚去帮忙打扫过。9月底,徐女士表示要辞退夏瑞娜,让助手带夏瑞娜回家政公司。临走前,夏瑞娜拿出了自己拿走的部分物品,并表示还有很多已经打包送到了邮局。徐女士在夏瑞娜的邮包中发现了自己家的2块手表、8条项链、2对耳钉、7双鞋,以及其他财物。经鉴定,以上物品共价值52406元。

在法庭上,夏瑞娜坦白说,就是为了从雇主家多赚些钱。一中院认为,夏瑞娜的行为已构成盗窃罪。办案人员表示,如果夏瑞娜在上诉期内不提异议,她应该会被押往女子监狱服刑。期间得到的待遇,与其他服刑人员并无不同。服刑后,夏瑞娜将被驱逐出境。

据悉,按照1996年国家颁布的《外国人在中国就业管理规定》,外籍人士到中国工作,必须要取得工作签证。而取得在华工作签证的外籍人士主要以专家、海员、跨国企业的雇员等专业人士为主,菲佣只是纯粹的劳务输入,其雇主又是私人家庭而非单位，自然不在此列。因此目前菲佣在华从事家政工作都属于非法行为。

李婧/文

（据2008年4月17日《北京晨报》）

>> 律师解读：

用人单位在雇佣外国人时，要注意查看其是否具备两证或一证

北京市赵晓鲁律师事务所马玉芬律师认为：

一、盗窃罪的法律规定

盗窃罪，是指以非法占有为目的，秘密窃取公私财物，数额较大，或者多次盗窃公私财物的行为。2年内盗窃3次以上的，应当认定为"多次盗窃"。

《刑法》第264条规定，盗窃公私财物，数额较大或者多次盗窃的，处3年以下有期徒刑、拘役或者管制，并处或者单处罚金；数额巨大或者有其他严重情节的，处3年以上10年以下有期徒刑，并处罚金；数额特别巨大或者有其他特别严重情节的，处10年以上有期徒刑或者无期徒刑，并处罚金或者没收财产；有下列情形之一的，处无期徒刑或者死刑，并处没收财产：

（1）盗窃金融机构，数额特别巨大的；

（2）盗窃珍贵文物，情节严重的。

第265条规定，以牟利为目的，盗接他人通信线路、复制他人电信码号或者明知是盗接、复制的电信设备、设施而使用的，依照本法第二百六十四条的规定定罪处罚。

同时《最高人民法院、最高人民检察院关于办理盗窃刑事案件适用法律若干问题的解释》中规定，盗窃公私财物价值1000元至3000元以上、3万元至10万元以上、30万元至50万元以上的，应当分别认定为刑法第264条规定的"数额较大"、"数额巨大"、"数额特别巨大"。

各省、自治区、直辖市高级人民法院、人民检察院可以根据本地区经济发展状况，并考虑社会治安状况，在前款规定的数额幅度内，确定本地区执行的具体

数额标准，报最高人民法院、最高人民检察院批准。

在跨地区运行的公共交通工具上盗窃，盗窃地点无法查证的，盗窃数额是否达到"数额较大"、"数额巨大"、"数额特别巨大"，应当根据受理案件所在地省、自治区、直辖市高级人民法院、人民检察院确定的有关数额标准认定。

盗窃毒品等违禁品，应当按照盗窃罪处理的，根据情节轻重量刑。

二、盗窃罪的构成要件

本罪的客体为公私财产所有权。本罪的客观方面为以秘密窃取的方法，将公私财物转移到自己的控制下，并非法占有的行为。本罪的主体是一般主体，即年满16周岁、具有刑事责任能力的自然人。本罪的主观方面为故意。

三、相关法律问题的介绍

结合本案，我国的《外国人在中国就业管理规定》规定，外国人在中国就业须具备下列条件：

（1）年满18周岁，身体健康；

（2）具有从事其工作所必需的专业技能和相应的工作经历；

（3）无犯罪记录；

（4）有确定的聘用单位；

（5）持有有效护照或能代替护照的其他国际旅行证件（以下简称代替护照的证件）。

同时还规定，在中国就业的外国人应持职业签证入境（有互免签证协议的，按协议办理），入境后取得《外国人就业证》（以下简称就业证）和外国人居留证件，方可在中国境内就业。

但是以下情况不需要办理就业证和居留证：

（1）由我国政府直接出资聘请的外籍专业技术和管理人员，或由国家机关和事业单位出资聘请，具有本国或国际权威技术管理部门或行业协会确认的高级技术职称或特殊技能资格证书的外籍专业技术和管理人员，并持有外国专家局签发的《外国专家证》的外国人；（2）持有《外国人在中华人民共和国从事海上石油作业工作准证》从事海上石油作业、不需登陆、有特殊技能的外籍劳务人员；（3）经文化部批准持《临时营业演出许可证》进行营业性文艺演出的外国人。

凡符合下列条件之一的外国人可免办许可证书，入境后凭职业签证及有关证明直接办理就业证：

（1）按照我国与外国政府间、国际组织间协议、协定，执行中外合作交流项目受聘来中国工作的外国人；

（2）外国企业常驻中国代表机构中的首席代表、代表。

因此我国的用人单位在雇佣外国人时，要注意查看其是否具备两证或一证。如果没有两证，是否符合没有两证的条件。如果来华工作者没有任何证件又没有特殊原因的，建议雇主要谨慎行事，以防被骗。

"驱逐出境"是指对犯罪的外国人强迫离开中国国（边）境的一种特殊的刑罚。"驱逐出境"这一刑罚，只对犯罪的外国人适用，外国人在我国境内犯了罪，除对于享有外交特权和豁免权的，通过外交途径解决外，一律适用我国刑法，接受我国的法律制裁。"驱逐出境"可以独立适用，也可以与其他刑罚一并适用。也就是说，根据犯罪的性质、情节等情况，来决定对犯罪的外国人是否判处驱逐出境，以及是单独判处驱逐出境，还是同其他刑罚并处。与其他刑罚并处驱逐出境的，应当在我国先执行完其他刑罚后，再执行驱逐出境。

杀人女囚犯狱中待产
生育难题考验监狱执法

一个曾经杀害两个孩子的女人如果怀了孕，该受到怎样的刑罚与怎样的对待呢？或许，每一个面对这个难题的人都会是一种矛盾的心情，既气愤，又不忍。那么，如何让这名被判了无期徒刑的女犯顺利生产，并且助其抚育孩子更是考验监狱干警的一道难题。

32岁的春燕（化名）曾杀害两名儿童，却因怀孕逃脱了死罪，被北京市二中院依法判处无期徒刑。按法律规定，被判无期的罪犯不能暂予监外执行，因此，有着8个月身孕的春燕不久前被依法收监。接受这样一名特殊的女犯，这在北京监狱管理工作历史上还是首次。

现场目击　怀孕女犯入监　请来专家孕检

今年1月15日下午，一辆999救护车载着一位特殊的女犯驶进了北京市天河监狱。下车时，女犯由警察和医护人员搀扶着，深蓝色的棉衣已难掩高高隆起的肚子。这名女犯叫春燕（化名），32岁的她因绑架杀人被判无期徒刑，去年6月被抓后发现怀有身孕。

天河监狱是所有在京被判刑人员服刑改造的第一站，他们将在这里接受3个月的入监教育，之后再被分到各个监狱服刑。由于春燕情况特殊，监狱管理局决定办完她的入监手续后女子监狱立即正式接收，之后再马上将她送往监狱中心医院待产。

例行体检、填表格、换囚服……一切手续都办妥当后，当天下午5点多，春燕被押送到北京市监狱管理局中心医院。该医院三层是专门的监区病房，其他楼层则面向社会病人开放。

中心医院请来产科专家仔细地为春燕做产前检查。春燕气色尚佳，除了脸上几块淡淡的色斑，并无其他孕妇所有的浮肿。"有恶心的感觉吗？""有时低头会有。""胎动怎么样？""早晨和中午动得挺厉害。"在做B超时，一旁的记者听到仪器里传出胎儿咚咚的心跳声。"胎动、胎位和胎心都很正常！"医生微笑着说。此时，春燕的脸部有了些放松的表情。

检查完毕，春燕到另一个房间做搜身检查。之后换下囚服，换上了一套粉白相间的病号服，医护人员还递给她一双红色的棉拖鞋。

专有病房待产　女犯感激落泪

走进专门为自己准备的病房，春燕的脸上闪过一丝惊讶。房间被布置得非常温馨，墙上贴着卡通画，粉色的被褥上放着崭新的几套婴儿服装和小鞋子，床头柜上摆放着鲜花和各类齐全的婴儿用品。病房里还有两位负责照顾春燕的女犯护工。

"东西都准备好了，一切都是新的。""谢谢。"春燕的眼里有了些泪光。"有不好的感觉赶紧按呼叫器，叫护士过来。"监狱医院的女领导说。抚摸着婴儿鞋，春燕流下了眼泪。"我没想到犯罪了，政府对我还这么好。我谢谢政府给我的一切，我会好好服刑改造的。"

"先吃晚饭吧。"护士说。晚饭有肉片、鸡蛋和蔬菜。"这是根据孕妇所需营养搭配的。"春燕表示胃里恶心不想吃。"那休息一会儿再吃，得保证营养啊。"护士扶着春燕躺上了床。"长这么大，从来没有人对我这么好过。"春燕说着，再一次哽咽了。

监狱局表态　监狱医院没产科　哪里生子是难题

一般来说，按照《中华人民共和国刑事诉讼法》规定，依法被判处有期徒刑的怀孕妇女可以由法院出具暂予监外执行的裁定，过完哺乳期后再被收监。但因为春燕是被依法判处无期徒刑的，她不符合暂予监外执行的条件，必须被依法收监。

监狱局接收怀孕女犯，这在北京市监狱管理局的历史上还是第一次。这意味着，监狱局要为春燕从产检、生产、哺乳以及对子女的安置等问题方面一一妥善安排好。为此，监狱中心医院连夜开党委会研究方案。医院让狱政部门单独给春燕腾出间病犯病房，安排产前检查并从女监调来两个女犯护工来护理，先将她安置下来。

监狱中心医院没有产科，也没有接生孩子的资质和器械，这就决定了该女犯不能在监狱医院生产。下一步，孩子到底在哪里生，孩子出生后的抚养和安置等一系列问题都是监狱机关面临解决的难题。

对话当事人　女犯　报复男友杀其女　不堪贫困再行凶

32岁的春燕家住怀柔农村，自15岁因盗窃被劳教后，她几度因行窃进出劳教所和监狱，时间长达十几年之久。

春燕说，她从小就没有得到过亲人的关爱。因母亲是聋哑人，她出生后即由大伯家收养。稍大后刚回到母亲身边，父亲就被判入狱10年。15岁那年，春燕偷了学校办公室桌上的现金被送去劳教。17岁时，她在商场偷窃时被冒充联防的张某抓住，后成了他的女友。但春燕没有想到的是，张某已婚且也是个小偷。在他的利用下，春燕多次行窃并沾上了毒品。"我为他偷钱坐牢，我弟弟也受他影响犯了罪被判了20年刑，但他离婚后却和别的女人好了。杀他女儿我也不忍心，但我太恨他了。"2002年8月，春燕将张某的女儿杀害。

2004年11月，从戒毒所出来的春燕认识了现在的丈夫王某，王某对她很好，生活本该平静下来，然而，贫穷的生活和患病的母亲让春燕再次动了邪念。

去年6月，她绑架了丈夫老乡的7岁儿子，以此想勒索三四万元。那个老乡开了家拉面馆，两家人交往密切。孩子被骗到山上后，她担心罪行败露，就残忍地将孩子杀害。但没等她张口要钱，孩子的家人就已怀疑上了她。春燕很快被抓。被羁押时，她被查出已有一个多月的身孕。背负两条人命的春燕本该死罪，因有身孕，去年12月，北京市二中院依法判处其无期徒刑。

丈夫　"感谢政府为她所做的一切"

"非常感谢政府为春燕所做的一切！希望她能顺利地生下孩子，我会把孩子抚养成人，也会尽自己的能力照顾她的父母。"春燕的丈夫在电话里的声音非常低沉。

王先生说，他和妻子在一起生活不到3年，对她的过去不太了解，只知道她没受过好的教育,很早流落到社会上。"她平时跟我的话很少,但对我非常好。认识她以后,我就发现她的思维方式不是很健康,做事极端,和正常人不一样。"我曾经因为她吸毒提出分手,结果她割腕自杀了两次。为了和我结婚,后来硬是把毒戒了。这一年多来,她一直早出晚归地卖服装,没想到……希望她在里面好好服刑,多接受教育,对自己的罪行有所悔过。我替她向受害人家属致歉。"

记者手记　她在这里重生

一个扼杀过两个孩子的女人该是怎样的狠毒?这样一个女人腹中的孩子是否能在监狱这个环境里健康平安地生下?当记者见到大腹便便的春燕时,不由得去想这些问题。春燕虽然罪大恶极,但她除了犯人的身份,也还是个孕妇,她腹中的孩子——那个即将来到这个世界的小生命却是无辜的。记者也因此能理解了,监狱局为何要克服重重困难为一个罪犯孕妇创造这么好的生产条件,像对待社会上的孕妇一样来对待她。监狱所做的一切体现出刑罚执行的文明程度和监狱管理者的人文关怀。

"我没想到自己也会有孩子。我现在能理解到,失去孩子的父母的心情。我这么做太不应该了,我只能好好服刑。"春燕表示,有了孩子后,她已经开始在忏悔过去。或许,随着孩子的降生,她内心深处的母性会逐渐地复苏,又一个罪恶的灵魂会在监狱里得到重生。

颜斐/文

(据2008年1月28日《北京晨报》)

>> 律师解读:

怀孕的妇女在刑事处罚及执行中有一些特殊的规定

北京市赵晓鲁律师事务所马玉芬律师认为:

怀孕的妇女和其他的被告人在刑事处罚方面存在一定的差异性,出于人道主义我国法律对于怀孕的妇女在刑事处罚及执行中有一些特殊的规定。

我国刑法规定:"审判的时候怀孕的妇女,不适用死刑。"这里的死刑,既包括死刑立即执行，也包括死刑缓期执行。因为死缓属于死刑的一种执行方式，不是一个独立的刑罚种类。"审判的时候怀孕的妇女"，是指在人民法院审判的时候被告人是怀孕的妇女，也包括审判前在羁押受审时已是怀孕的妇女。而案件起诉到法院以前，被告人在羁押期间做人工流产的，以及怀孕妇女因涉嫌犯罪在羁押期间自然流产后，又因同一事实被起诉、交付审判的，也应视为"审判的时候怀孕的妇女"，均依法不适用死刑，更不能为了判处死刑而强制怀孕的被告人做人工流产。这主要从实行人道主义和保护胎儿来考虑，未出生的胎儿是无辜的，不能因为母亲犯罪而被剥夺出生的权利。

1979年的刑事诉讼法规定：对于被判处无期徒刑、有期徒刑或者拘役的罪犯，怀孕或者正在哺乳自己婴儿的妇女，可以暂予监外执行。

对于监外执行的罪犯，可以由公安机关委托罪犯原居住地的公安派出所执行，基层组织或者原所在单位协助进行监督。

1996年将暂予监外执行的刑期条件修改为"被判处有期徒刑或者拘役的罪犯"，即被判处无期徒刑的罪犯不能暂予监外执行。

2012年我国对《中华人民共和国刑事诉讼法》进行了修订，对被判处有期徒刑或者拘役的罪犯，其正在怀孕或者正在哺乳自己婴儿的妇女可以暂予监外执行。

对适用保外就医可能有社会危险性的罪犯，或者自伤自残的罪犯，不得保外就医。

对罪犯确有严重疾病，必须保外就医的，由省级人民政府指定的医院诊断并开具证明文件。

在交付执行前，暂予监外执行由交付执行的人民法院决定；在交付执行后，暂予监外执行由监狱或者看守所提出书面意见，报省级以上监狱管理机关或者设区的市一级以上公安机关批准。

同时我国《监狱法》也规定，对于被判处无期徒刑、有期徒刑在监内服刑的罪犯，符合刑事诉讼法规定的监外执行条件的，可以暂予监外执行。

同时我国法律还规定，如果怀孕的妇女在监外执行的过程中发生了违反我国法律关于监外执行的规定，还可以再收监执行刑罚，法律规定如下：

对暂予监外执行的罪犯，有下列情形之一的，应当及时收监：

（一）发现不符合暂予监外执行条件的；

（二）严重违反有关暂予监外执行监督管理规定的；

（三）暂予监外执行的情形消失后，罪犯刑期未满的。

对于人民法院决定暂予监外执行的罪犯应当予以收监的，由人民法院作出决定，将有关的法律文书送达公安机关、监狱或者其他执行机关。

不符合暂予监外执行条件的罪犯通过贿赂等非法手段被暂予监外执行的，在监外执行的期间不计入执行刑期。罪犯在暂予监外执行期间脱逃的，脱逃的期间不计入执行刑期。

罪犯在暂予监外执行期间死亡的，执行机关应当及时通知监狱或者看守所。

由此可见，我国对于被判处无期徒刑的怀孕期间的妇女能否适用监外执行有一个反复的过程，也充分说明了我国法律的修订是逐步契合实践的变化，且越来越人性化，也越来越从人权的角度制定实施法律。

装备被删维权须到上海
玩家发愁成本高

昨天，网民张先生告诉本报记者："我要打一场讨要虚拟物权的官司。可是，已经跑了几个法院却不能立案。"事情源于网络游戏《三国群英传》。张先生从其他玩家处用1000余元购买的网游装备"火麒麟"被网游公司删除。张先生认为，这种做法严重侵犯了自己的所有权，但是由于该网游公司在上海，张先生在北京难以维权。

张先生告诉记者，2005年10月，他成为了《三国群英传》的用户，去年11月21日，他发现自己的账号被悠游公司停权，无法进入游戏。直到11月30日中午，他发现停权已经解除，但是，游戏装备"火麒麟"又被删除了。张先生说："'火麒麟'的价格很高，是我花了1092元从其他玩家手里买来的。"

张先生致电悠游的客服后被告知："这个异常道具是用非法程序做出来的，被删了。"张先生认为，这件装备虽然是虚拟物，但是自己的所有权不应受到侵犯。为此，张先生打算与悠游公司对簿公堂。

可是，打官司却不容易。张先生家住朝阳区，于是向朝阳法院递交了诉状，法官却不肯接受。后来，有业内人士告诉张先生，要起诉得去悠游公司所在地上海，这样符合"被告住所地"的要求。可是张先生一算成本，几千元恐怕是必需的。如今，张先生拿着所有证据非常困惑，既难以接受网游公司的"霸道做法"，也对"赔本赚吆喝"的维权感到无奈。

（据2008年1月28日《北京晨报》）

>> 律师解读：

计算机终端设备所在地可以视为侵权行为地

北京市赵晓鲁律师事务所马玉芬律师认为：

一、侵权责任的法律规定

行为人侵犯了《侵权责任法》中的如下权益，应当承担侵权责任。民事权益，包括生命权、健康权、姓名权、名誉权、荣誉权、肖像权、隐私权、婚姻自主权、监护权、所有权、用益物权、担保物权、著作权、专利权、商标专用权、发现权、股权、继承权等人身、财产权益。

侵权人因同一行为应当承担行政责任或者刑事责任的，不影响依法承担侵权责任。

二、侵权责任的构成要件

侵权责任分为过错责任的构成要件和无过错责任的构成要件。

过错责任的构成要件如下：

行为人有过错；行为人有加害行为；出现了损害后果；加害行为与损害后果之间有因果关系。

行为人损害他人民事权益，不论行为人有无过错，法律规定应当承担侵权责任的，依照其法律的规定，无过错责任的构成要件如下：

行为人有加害行为；出现了损害后果；加害行为与损害后果之间有因果关系。

三、侵权责任法中涉及的侵权责任的管辖问题

我国《民事诉讼法》因侵权行为提起的诉讼，由侵权行为地或者被告住所地人民法院管辖，侵权行为地包括侵权行为实施地和侵权结果发生地。

本案中张先生立案的问题在实践中遇到了挫折，按照我国民事诉讼法的规定，起诉必须符合下列条件：

（1）原告是与本案有直接利害关系的公民、法人和其他组织；（2）有明确的被告；（3）有具体的诉讼请求和事实、理由；（4）属于人民法院受理民事诉讼的范围和受诉人民法院管辖。

张先生的案件则涉及法院的管辖权问题，参照我国目前关于网络侵权案件的

司法解释，侵权行为地包括实施被诉侵权行为的网络服务器、计算机终端等设备所在地。对难以确定侵权行为地和被告住所地的，原告发现侵权内容的计算机终端等设备所在地可以视为侵权行为地。因此计算机终端设备所在地可以视为侵权行为地，故如果原告能够证明计算机终端设备所在地的具体位置，同时又符合起诉的其他条件的，就可以在此地进行起诉。

老汉挥刀"成全"病妻
86位邻居联名向法院求情

"我没想故意杀死她,就想解脱她,不受病情的折磨。"因照顾常年瘫痪在床、治疗无望的老伴导致精神崩溃,74岁的通州居民胡老汉持刀将老伴杀死,以期用这种方式为自己和老伴寻求"解脱"。昨天上午,通州法院开庭审理了此案。

老人:"与其受罪不如死了"

昨天上午9点,头发花白的胡老汉在两名法警的搀扶下步履蹒跚地走进法庭。

令人难以想象,这个面目和善的老人竟然持菜刀猛砍老伴颈部十余刀致其死亡。"我没想故意杀死她。我是想让我的病老伴儿得到解脱。"面对公诉机关的指控,胡老汉的语气显得很平静。老人说,老伴儿曾因无法忍受病痛对他说过不想活了。

胡老汉的老伴张老太比他小六七岁,两人从小青梅竹马,婚后感情一直很好,两个儿子都已成家,家庭比较幸福。1999年,张老太患上了高血压、糖尿病,再后来又得了脑血栓,身体活动不便,说话也不利索了。2004年,老人因脑出血半身不遂,后来又不小心摔了一跤,自此卧床不起,生活完全不能自理。

由于这些年都是老两口自己过,所有照料、护理的重担都落在胡老汉的肩上。"有时老伴一晚上要小便6次,都是我帮着,大便也是我给掏。她很痛苦,我也很难受。后来孩子们给找了保姆,但晚上还是我来做。3年来,我没有睡过整宿觉。"胡老汉说,他感觉压力很大。原本心脏不太好,现在经常头疼,血压也高了。

2007年8月,张老太又查出肾衰竭,医生说这种病无法治愈。"8月30日晚上11点30分以后,老伴醒了,说要小便,我就给她接尿,但是老伴没有尿出来,接着睡了。"胡老汉说,没给老伴接出尿来就觉着挺着急上火的,因为肾病的表现之一就是24小时不排尿。他心里就想,老伴的病越来越严重,好不了了,与其这样受罪,还不如死了好。杀了她,她就不用受罪了,对自己也是解脱。

想到这里,胡老汉到厨房拿了把菜刀,跪在床上抡起菜刀朝老伴的脖子砍去。确信老伴死了,胡老汉心里顿时有种解脱了的感觉。于是,他将刀放回厨房,洗掉溅在手上的血,打110报警。

对于自己所犯的错,胡老汉说:"我一辈子遵纪守法,老年做出这么糊涂的事儿,我对不起老伴,也伤害了两个孩子。这几个月来我一直在悔恨,也在思念我老伴。政府判我死刑,让我去陪老伴。可我又想和孩子安度晚年,希望能和儿子生活在一起。"

辩护人:希望法院判老人缓刑

"从犯罪动机上来说,被告人实施杀人的目的是为了解脱被害人。"胡老汉的辩护律师表示,正是因为被告人和老伴的感情太深厚,为了减少对方的痛苦,他才突然思维紊乱地拿起了刀。从某种程度上来说,被告人这样做也是为了实现被害人的愿望。"希望法庭能让被告人的两个儿子补充作证,证明他们的母亲曾有寻死的想法,并说过让老伴'成全她'。"

辩护律师还认为,被告人有自首情节且其犯罪行为没有社会危害性,基于此希望法院能给被告人判缓刑,以便能和家人相聚。"毕竟他已经这么大岁数了,而且现在身体也不好。"律师说。

"我们不能说,一个生活不能自理的病人,就可以剥夺他的生命。未经国家的允许,任何人都无权剥夺他人生命。"公诉人反驳说。"对一个生不如死的人来说,生命的尊严到底还有什么意义?"辩护人反问道。

邻居:86人联名求情

昨天,胡老汉的两个儿子和小区众多居民都旁听了此案。老人的儿子不愿接受采访。小区居民们纷纷说,胡老汉与老伴的感情不错,平时两人总是形影不离,从来没听说过他们吵过架。"即使是胡奶奶瘫痪之后,胡爷爷也天天给胡奶奶买早点。买回豆腐脑,他就一勺一勺喂胡奶奶吃。买回油饼,他就把油饼泡烂了喂给胡奶奶吃。"社区居委会王主任说。

小区86位居民还亲笔签名给法院递交了一份求情信,上面写道:胡某是一时冲动,做出不合理的事情,恳请司法机关对他宽大处理。法院将择日进行宣判。

颜斐/文

(据2008年1月23日《北京晨报》)

>> 律师解读:

莫以无知去剥夺别人的生命　任何借口都无济于事

北京市赵晓鲁律师事务所马玉芬律师认为:

一、故意杀人罪的法律规定

故意杀人罪,是指故意非法剥夺他人生命的行为。根据我国的司法实践,胎儿脱离母体,能够独立呼吸,就有了生命,具有生命的权利,任何人都不能非法剥夺。

我国刑法规定,故意杀人的,处死刑、无期徒刑或者10年以上有期徒刑;情节较轻的,处3年以上10年以下有期徒刑。

二、故意杀人罪的法律构成

本罪的客体为他人的生命权利;本罪的客观方面为,非法剥夺他人生命的行为;本罪的主体为一般主体,凡是年满14周岁的具有刑事责任能力的自然人均可成为本罪的主体;本罪的主观方面为故意包括直接故意和间接故意。

三、故意杀人罪要和过失致人死亡罪以及故意伤害罪致人死亡进行区别

过失致人死亡主要是主观方面和故意杀人罪有本质的区别,故意杀人罪的主观方面表现为故意,而过失致人死亡的主观方面表现为过失,其处罚也不一样,我国刑法规定,过失致人死亡的,处3年以上7年以下有期徒刑;情节较轻的,处3年以下有期徒刑。本法另有规定的,依照规定。

故意伤害致人死亡和故意杀人罪的区别主要是犯罪客体不一样,故意伤害罪的客体为他人的身体健康权。而故意杀人罪的客体是他人的生命。

受嘱托杀人无论有无证据证明是被害人的真实意思,在我国法律目前的规定下,都是以故意杀人罪论处的,故,亲属之间或处于委托的任何境况下,去剥夺

他们的生命都是要处以刑事处罚的，故提醒有此念头的当事人，莫以自己的无知去剥夺别人的生命，任何借口都无济于事。

　　但是随着我国经济和医疗条件的不断提高，人们对安乐死的认识也越来越理性，多元化。有部分人群认为，安乐死是社会文明进步的一种表现，体现了人道主义的价值追求，部分国家已经将安乐死予以合法化，但是目前我国并未将安乐死合法化，如果用安乐死这种方式剥夺别人的生命还是要给予刑事处罚，虽然这种剥夺别人生命的行为，会触犯刑法中的故意杀人罪，但是如果情节确实不是特别恶劣，在量刑时一般会予以考虑。

回迁房作饵　钓走458万

骗子已获刑，十余受害人难拿回被骗钱财

"被骗走的钱不仅仅是我们辛苦半辈子的收入，更是我们全家今后生活的保障啊。"昨天上午，50多岁的陈女士说起被骗经历，忍不住几次落泪。为了能买到低价的回迁房，她被"房虫"骗走43万元巨款。虽然骗子已被追究刑事责任，她和其他十几位受害人却要面临更加残酷的现实——总计458万元的赃款无法追回！

被骗　轻信能买便宜房

陈女士一家四口住在一间不到50平方米的房子里。为了给儿子买套便宜的住房结婚，2004年5月，她经人介绍认识了王渭滨。听人说，王平时一直在房管局交易所倒房，已经帮不少人买到了低价的回迁房。

当王渭滨打来电话说，有个女房主有东花市三期的回迁房可以转让时，购房心切的陈女士动心了。"他给我看了户主和他本人签订的转让协议复印件还有户型图。"陈女士分两次交齐了房款，王给她开了收条。

由于迟迟没有见到房，2004年9月，陈女士提出要退钱，王说又重找了一套房，还带她看了房，又答应一星期内手续办理完毕。2005年5月的一天，王渭滨主动给陈女士打电话"我在新景家园西区有套房子，你先搬去住吧。我把房产证、户口簿都押给你。另外，我把现在住的两间平房也抵押给你。"没想到，2005年12月的一天晚上，一个自称是房主的男人敲开门说，王渭滨一直拖欠房租，他要把房子收回去。陈女士事后才知道，王渭滨手里一直就没有房源，之前给她看的协议也是伪造的。他已经骗了多人。

之后，警方也陆续接到报案，称王渭滨以能帮忙买到低价的回迁房骗走他们的购房款。受害人大多是中老年人，甚至还有一位女民警，损失最大的受害人被骗走了近90万元。2006年12月28日，王渭滨在旧宫清和园小区门口被抓获归案。

质疑　赃款哪里去了？

日前，北京市二中院判处王渭滨有期徒刑15年并处罚金1.5万元。对此结果，陈女士等受害人无法接受。"他一分钱赃款都没有退，怎么能说认罪态度好？我们遭受的损失怎么办？"

王渭滨称，赃款都用来"吃喝、还账和买彩票了。"而据检察机关指控的证据，可以查到的彩票款只有16万元。"我们不相信他把钱挥霍了，再说吃喝能花掉几个钱？"

法官表示，司法机关当然希望追回赃款给受害人补偿，但通过查找王的银行账号等没有发现他有钱，他和前妻也没有共同财产。王离婚后名下的一间20多平方米的平房，法院将扣押这套房产，等拍卖后平分给受害人。"如果王真的隐匿了财产，只能说明他很狡猾，但我们确实没有找到，毕竟现有的手段有限。希望受害人能积极提供可查的线索，而不是仅仅是怀疑。"

诈骗手段　房虫掌握大量房源信息

53岁的王渭滨原是首钢工人，1993年下岗，2000年起搞起了房屋买卖，人称"房虫"。据一名受害人透露，王渭滨和拆迁办的某些工作人员关系颇为密切。"他手里经常抱着厚厚一摞资料，哪户要卖房他一清二楚，经常挨家挨户跑到拆迁户家里去拿置换房屋的指标。"

平时，王渭滨经常在居民小区里转悠，主动提出可以帮着办回迁和房屋置换。由于掌握着大量的房源信息，王渭滨确实也成功地帮一些人与拆迁户置换。据法官介绍，有部分受害人正是通过王的搭桥牵线买到了回迁房才放松了戒备。

根据王渭滨交代，他确实帮着找过拆迁户谈置换，但后来崇文区有了新政策，开发商不允许办置换手续。签过协议的人们要求他退钱，可他已把钱花了，就只好自己找房源。"一个女房主本来托我卖房，后来她又决定自己住了。另外一个男房主在我帮他找到购房人后，他又说房子卖出去了。我只好伪造购买回迁房的相关文件，能拖一天算一天。"

颜斐/文

（据2008年1月3日《北京晨报》）

>> 律师解读：

讨赔偿无证据　被骗人可查卷

北京市赵晓鲁律师事务所马玉芬律师认为：

因人身权利受到犯罪侵犯而遭受物质损失或者财物被犯罪分子毁坏而遭受物质损失，可以提起附带民事诉讼。为防止刑事案件的过分迟延，对于例如盗窃、诈骗等侵犯财产犯罪，犯罪分子非法占有、处置被害人财产而使其遭受物质损失的，由人民法院依法予以追缴或者责令退赔。

经过追缴或者退赔仍不能弥补损失的，被害人可以向人民法院另行提起民事诉讼。在民事诉讼过程中，被害人需要向人民法院提供相应证据，对此被害人可以委托律师查询和复制刑事审判卷宗材料，以获得相关证据。

需要说明的是，确有相当一部分被告人非法占有被害人钱款后挥霍、隐匿、转移或者从事其他违法犯罪活动，虽经司法机关追缴，最终仍不能追回或全部追回。因此，不论是由司法机关追缴，还是另行提起民事诉讼由人民法院执行民事判决，相当一部分被害人的损失仍有可能得不到弥补或完全弥补。

一、诈骗罪的法律规定

诈骗罪，是指以非法占有为目的，用虚构事实或者隐瞒真相的方法，骗取公私财物，数额较大的行为。

我国《刑法》规定，诈骗公私财物，数额较大的，处3年以下有期徒刑、拘役或者管制，并处或者单处罚金；数额巨大或者有其他严重情节的，处3年以上10年以下有期徒刑，并处罚金；数额特别巨大或者有其他特别严重情节的，处10年以上有期徒刑或者无期徒刑，并处罚金或者没收财产。本法另有规定的，依照规定。

最高人民法院、最高人民检察院关于办理诈骗刑事案件具体应用法律若干问题的解释（法释〔2011〕7号）规定：

诈骗公私财物价值3000元至10000元以上为"数额较大；3万元至10万元以上为"数额巨大"；50万元以上的为"数额特别巨大"。

各省、自治区、直辖市高级人民法院、人民检察院可以结合本地区经济社会发展状况，在前款规定的数额幅度内，共同研究确定本地区执行的具体数额标准，报最高人民法院、最高人民检察院备案。

诈骗公私财物达到本解释第一条规定的数额标准，具有下列情形之一的，可以依照刑法诈骗罪的规定酌情从严惩处：

（1）通过发送短信、拨打电话或者利用互联网、广播电视、报纸杂志等发布虚假信息，对不特定多数人实施诈骗的；

（2）诈骗救灾、抢险、防汛、优抚、扶贫、移民、救济、医疗款物的；

（3）以赈灾募捐名义实施诈骗的；

（4）诈骗残疾人、老年人或者丧失劳动能力人的财物的；

（5）造成被害人自杀、精神失常或者其他严重后果的。

诈骗数额接近本解释第一条规定的"数额巨大"、"数额特别巨大"的标准，并具有前款规定的情形之一或者属于诈骗集团首要分子的，应当分别认定为刑法诈骗罪规定的"其他严重情节"、"其他特别严重情节"。

二、诈骗罪的法律构成

本罪的客体为公私财物的所有权，本罪的客观方面为用虚构的事实或者隐瞒真相的欺骗方法，骗取公私财物数额较大。本罪的主体为一般主体，年满16周岁具有刑事责任能力的人，本罪的主观方面为故意。

三、同类法律问题相关性介绍

刑法中除了对诈骗罪做了相关的规定，同时还规定了集资诈骗罪、贷款诈骗罪、票据诈骗罪、金融凭证诈骗罪、信用证诈骗罪、信用卡诈骗罪、有价证券诈骗罪、保险诈骗罪、合同诈骗罪。

诈骗罪与其他的诈骗罪的区别为一般与特殊的关系，诈骗罪仅限于自然人，而其他的特殊的诈骗罪有些犯罪主体是包括单位的。

四、法律风险提示

被诈骗的当事人多是占小便宜吃大亏，保持一颗平常心是防止被诈骗的最有效的手段。

因为被诈骗而遭受物质损失在刑事案件审判中人民法院依法予以追缴或者责令退赔。经过追缴或者退赔仍不能弥补损失的，被害人可以向人民法院另行提起民事诉讼，拿到生效判决，以作为债权的有效凭证，等到发现了被告人有可供执行的财产线索时，申请法院强制执行。

　　律师提醒广大的刑事案件中的被害人也就是被诈骗人，确有相当一部分财物或钱款被被告人非法占有后挥霍、隐匿、转移或者从事其他违法犯罪活动，虽经司法机关追缴，最终仍不能追回或全部追回。因此，无论是刑事案件中，还是另行提起民事诉讼由人民法院执行民事判决，相当一部分被害人的损失仍无法全部得到弥补。

80后情侣从缅甸越境避孕套运毒

为了能将毒品从边境地区运往内地牟取暴利，河北的董海涛和重庆的张瑾这对80后情侣竟想到了将毒品装进避孕套后藏于内衣中的办法。虽然在路上躲过了检查，他们最终还是在毒品交易中被抓获。昨天，东城法院开庭审理并宣判了此案。

异国相识　同好吸毒

昨天中午，在听到自己被判处14年有期徒刑后，张瑾泪流不止。她说，经过在看守所里几个月的反思，如今已认识到了自己所犯的罪行，今后一定会好好改造。而她的男朋友董海涛则被判处15年徒刑。

张瑾说，2008年3月，她和董海涛在缅甸小孟拉的赌场经朋友介绍认识。当时，他们都在赌场里打工，认识没多久便同居了。两人还有着共同的爱好——吸食毒品麻古，一种类似红色药片的毒品。董海涛说，他们每人每天的吸食量都在10粒到20粒，所以生活上一直很拮据。本案的公诉人告诉记者，从2008年至今，26岁的董海涛和23岁的张瑾可以算作东城警方抓获的最年轻的毒贩。而通常，毒贩的年龄都在30~40岁，甚至更大。

情侣联手　越境运毒

2008年10月，董海涛和张瑾在小孟拉的赌场里认识了一个名叫"霞姐"的朋友。也是通过她，他们走上了运毒贩毒的犯罪道路。董海涛称，这个霞姐说自己手里有麻古，于是他和张瑾商量后，决定以8000元的价格从霞姐那里买1000粒麻古，相当于每粒8元钱。

两人在边境地区买了毒品后，就开始联系买家。最后，董海涛联系到以前在北京的一个赌友"燕姐"。他们先从缅甸的住地打车到云南景洪，在那里住了4

天,然后坐火车到昆明。11月2日,为躲避检查,两人将毒品装在一个避孕套内并藏在张瑾的右侧胸罩中,他们乘坐由昆明开往北京西的K472次列车,于11月4日到达北京。

交易当场　人赃并获

记者从检察机关获悉,董海涛与张瑾到京后,当天就与燕姐取得联系。11月4日当晚,在入住的酒店内,董海涛与燕姐商定以每粒麻古38元的价格将1000粒麻古售出。这就意味着,这批毒品转手就可获利3万元。

商量好价钱后,董海涛授意张瑾随同燕姐前往安定门天鸿宝景大厦一层永和大王店内,进行毒品交易。当晚9时许,张瑾在永和大王门口被东城警方抓获。民警当场从其随身携带的包内起获毒品麻古1000粒,经鉴定为甲基苯丙胺,净重85.65克。随后,民警在张瑾的配合下,在肯德基餐厅安外大街店门前将董海涛抓获。

白明辉/文

(据2009年3月12日《北京晨报》)

>> 律师解读:

贩卖毒品的过程中都有持有的过程

北京市赵晓鲁律师事务所马玉芬律师认为:

一、"贩卖毒品罪"的法律规定

本罪名是选择性的罪名,贩卖毒品罪是指违反国家毒品管理法规,贩卖毒品的行为。本罪在刑法中的规定如下:

走私、贩卖、运输、制造毒品,无论数量多少,都应当追究刑事责任,予以刑事处罚。

走私、贩卖、运输、制造毒品,有下列情形之一的,处十五年有期徒刑、无期徒刑或者死刑,并处没收财产:

(1)走私、贩卖、运输、制造鸦片1000克以上、海洛因或者甲基苯丙胺50

克以上或者其他毒品数量大的；

（2）走私、贩卖、运输、制造毒品集团的首要分子；

（3）武装掩护走私、贩卖、运输、制造毒品的；

（4）以暴力抗拒检查、拘留、逮捕，情节严重的；

（5）参与有组织的国际贩毒活动的。

走私、贩卖、运输、制造鸦片200克以上不满1000克、海洛因或者甲基苯丙胺10克以上不满50克或者其他毒品数量较大的，处7年以上有期徒刑，并处罚金。

走私、贩卖、运输、制造鸦片不满200克、海洛因或者甲基苯丙胺不满10克或者其他少量毒品的，处3年以下有期徒刑、拘役或者管制，并处罚金；情节严重的，处3年以上7年以下有期徒刑，并处罚金。

单位犯第（2）款、第（3）款、第（4）款罪的，对单位判处罚金，并对其直接负责的主管人员和其他直接责任人员，依照各该款的规定处罚。利用、教唆未成年人走私、贩卖、运输、制造毒品，或者向未成年人出售毒品的，从重处罚。

对多次走私、贩卖、运输、制造毒品，未经处理的，毒品数量累计计算。

二、"贩卖毒品罪"的构成要件

本罪的客体是国家毒品管理制度，本罪的犯罪对象是毒品，毒品包括鸦片、海洛因、甲基苯丙胺、吗啡、大麻、可卡因等国家进行严格管制的能够使人形成瘾癖的麻醉药品和精神药物。

本罪的客观方面为行为人实施了贩卖毒品的行为。

本罪的主体包括自然人和单位。

本罪的主观方面表现为故意。

三、同类法律问题相关性介绍

要注意区分贩卖毒品罪与非法持有毒品罪的区别，贩卖毒品的过程中都有持有的过程，但是这种持有的行为被贩卖的行为所吸收不再单独定罪，非法持有毒品罪是数额犯，即非法持有的毒品必须达到法定的数量才能构成本罪。

四、法律风险提示

贩卖毒品最高刑期可以处死刑，并且司法实践中有不少因为贩卖毒品而被判处死刑立即执行的，很多人在吸食毒品的过程中，为了筹集毒资而走上贩卖毒品的道路，近年来因为涉及毒品屡屡被抓的娱乐圈的明星也比比皆是，比如：李代沫、张默、高虎等。希望大家远离毒品，不仅仅是为了避免使自己遭受刑事处罚，更是为了自身健康。

同时我国《治安管理处罚法》规定，吸食、注射毒品的，处10日以上15日以下拘留，可以并处2000元以下罚款；情节较轻的，处5日以下拘留或者500元以下罚款。有些人不仅自己吸食、注射毒品且容留他人吸食毒品，对此则触犯了我国刑法的相关规定，会以容留他人吸毒罪予以定罪量刑。

18年后父母为儿索命
男童溺水身亡　父母要告游乐园

18年前爱子在游乐园不幸溺水身亡；18年后，家长以当时游乐园存在管理和救护责任过失，将游乐园告上法庭，索赔精神损失20万元。面对这场"迟到"了18年的官司，身为家长的李先生夫妇说，打官司并非为了获得赔偿，他们只是觉得儿子死得冤，想为死去的孩子讨个说法。

追述
18年前　儿子蹚河溺亡

昨天，在李先生的家中，夫妇二人向记者回忆了儿子出事的过程。李先生说，那是1990年8月17日，他和妻子带着7岁半的孩子去九龙游乐园玩。

"我们走到园内与湖中小岛隔水相望的地方，孩子就是在那儿出事的。"李先生说着拿出一张当年同事的女儿在九龙游乐园的留影并指给记者看，照片中很多人都通过水面走到对岸的岛上。"那里有个通道，可是被水漫了，没想到我儿子就出事儿了……"虽然事情已过去了18年，但夫妇二人想起来仍悲痛难忍。

李先生说，丧子之后，他和妻子几乎崩溃。"有一阵只要是看天气预报上有九龙游乐园的广告我就得换台，别人一提水也会觉得难受。"李先生的爱人说，虽然后来他们又有了一个男孩，但是这18年来对逝去儿子的爱，却始终无法替代。"两个孩子都属猪，正好差一轮……"李先生的爱人泪流满面地说道。

倾诉
18年后　为子讨个说法

李先生说，这18年来，他们一直活在深深的自责当中。"直到今年年初，我看到电视里一条法治新闻，才知道其实公园也有责任。"李先生说，报道中讲的是一个孩子在放学路上掉进了水库，很多年后，他的父母与水库管理者打起了官司。

"我就回想起我们孩子出事时，如果在附近能有防护措施或是禁行标志，也许孩子就不会滑下水了。"李先生说，他知道孩子的离去他们有责任，但公园也要为自己的管理过失负责。"今年7月31日，我就去昌平法院立了案。"李先生说，对于这起18年前的案件，他也没有做好十足的准备，只是想为孩子讨个公道。"也许有人会认为我们是图钱，其实我们家现在不缺钱。我们就想为死去的孩子讨个说法。"李先生说。

昨天，记者联系了九龙游乐园管理办公室，一名工作人员告诉记者，九龙游乐园目前已暂停营业，她还不清楚关于这起"18年前的案件"。

姜晶晶/文

（据2008年9月6日《北京晨报》）

>> 律师解读：

法律不保护躺在权利上睡觉的人

北京市赵晓鲁律师事务所马玉芬律师认为：

一、诉讼时效是指权利人在法定期间内不行使权力即丧失请求人民法院依法保护其民事权利的法律制度

诉讼时效分3种情况：一般的诉讼时效期间的规定，向人民法院请求保护民事权利的诉讼时效期间为一般情况下为2年；短期诉讼时效期间的规定，身体受到伤害要求赔偿的；出售质量不合格的商品未声明的；延付或者拒付租金的；寄存财物被丢失或者损毁的；诉讼时效为1年；特殊诉讼时效期间的规定，因环境污染损害赔偿提起诉讼的时效期间为3年。

诉讼时效期间从知道或者应当知道权利被侵害时起计算。但是，从权利被侵害之日起超过20年的，人民法院不予保护。有特殊情况的，人民法院可以延长诉讼时效期间。超过诉讼时效期间，当事人自愿履行的，不受诉讼时效限制。在诉讼时效期间的最后6个月内，因不可抗力或者其他障碍不能行使请求权的，诉讼时效中止。从中止时效的原因消除之日起，诉讼时效期间继续计算。诉讼时效因提起诉讼、当事人一方提出要求或者同意履行义务而中断。从中断时起，诉讼时效期间重新计算。以下情况法律规定可以认定为诉讼时效的中断：

（1）当事人一方直接向对方当事人送交主张权利文书，对方当事人在文书上签字、盖章或者虽未签字、盖章但能够以其他方式证明该文书到达对方当事人的；

（2）当事人一方以发送信件或者数据电文方式主张权利，信件或者数据电文到达或者应当到达对方当事人的；

（3）当事人一方为金融机构，依照法律规定或者当事人约定从对方当事人账户中扣收欠款本息的；

（4）当事人一方下落不明，对方当事人在国家级或者下落不明的当事人一方住所地的省级有影响的媒体上刊登具有主张权利内容的公告的，但法律和司法解释另有特别规定的，适用其规定。

前款第（1）项情形中，对方当事人为法人或者其他组织的，签收人可以是其法定代表人、主要负责人、负责收发信件的部门或者被授权主体；对方当事人为自然人的，签收人可以是自然人本人、同住的具有完全行为能力的亲属或者被授权主体。

（5）申请仲裁；

（6）申请支付令；

（7）申请破产、申报破产债权；

（8）为主张权利而申请宣告义务人失踪或死亡；

（9）申请诉前财产保全、诉前临时禁令等诉前措施；

（10）申请强制执行；

（11）申请追加当事人或者被通知参加诉讼；

（12）在诉讼中主张抵销。

二、诉讼时效的法律要件构成如下

（1）须有请求权的存在；

（2）有怠于行使权利的事实；

（3）怠于行使权利的状态持续到了法定期间。

三、对同类法律问题做一些扩展性介绍

除斥期间和诉讼时效有些类似,除斥期间是法定的权利存续期间,因该期间经过而发生权利消灭的法律后果。诉讼时效期间是可变期间,可以中止、中断、延长;而除斥期间为不变期间,不能中止、中断、延长。

四、法律风险提示诉

时效制度是为了督促权利人及时行使自己的权利,法律不保护躺在权利上睡觉的人,故如果想获得法院的胜诉权,则需在诉讼时效期间内及时行使权利,如果不太清楚诉讼时效的问题,则需在权利受到侵害之日及向专业人士进行咨询,以防案件过了诉讼时效。

7名被告人昨天接受法庭调查　操盘手赵鹏运称——
"亿霖是否传销，法院定"

昨天上午，备受社会关注的亿霖木业传销案在市二中院开庭审理，接受审判的28名被告人均为亿霖集团骨干人员，他们被控非法经营额共计16.8亿余元，购林人多达2万人。据了解，第一被告人赵鹏运在法庭上自称水平有限，公司行为是否传销需由法院来认定，不过他表示会服从法院判决。由于案情复杂，昨天的庭审只对7名被告人进行了法庭调查，今天将继续审理。

数十名购林人　旁听庭审

尽管上午9点半才开庭，早上不到8点，20~30名购林人已经赶到了法院门口。8点半左右，已有数百人聚集在一起，他们中不乏白发老人。为了维持秩序，法院门口增设了临时警戒线，10多辆警车停在院墙外，数名警察来到现场。法院内，记者看到大量安保人员也在不停地沿院墙警戒巡视。

上午8点45分，一队警灯闪烁的警车驶进法院，7辆警车中分押着被收押的20名被告人，另外8人被取保候审。随后，近50名辩护律师也前后进入法院。记者见到，几位京城名律师的身边都跟有助手，手里抱着厚厚的诉讼材料。由于法庭旁听席座位有限，在开庭的一周内，法院每天只能安排数十名不同的购林人进去，其他人则凑在一起边交流边等待。中午12点多，几位旁听者走出法庭，他们站在法院外的台阶上转述庭审的情况。一位购林人表示，她每天都会到法院来，及时了解法庭的情况。

记者了解到，由于案情重大复杂，受害人众多，检方指控的卷宗达3000多卷，搬家公司花费一个上午的时间才将全部案卷送进法院。

是否传销　主犯自称由法院定

受审的28名被告人中,除了亿霖集团幕后操盘手赵鹏运以及先后两任法定代表人赵代红和屠晓斌,其余均是集团各分公司的总经理、部长。8名被告人因有投案、退赔、认罪等情节被取保候审。

根据检方指控,自2004年4月至2006年6月,赵鹏运以亿霖集团为依托,先后伙同赵代红、屠晓斌,以托管造林为名,积极发展传销队伍,开展传销活动,以传销手段销售北京、内蒙古、辽宁、河北、河南、贵州、湖南、云南、四川、江西、湖北等地的林地,非法经营额16.8亿余元。赵代红和屠晓斌的非法经营额为9400余万元和12.7亿余元。

从法庭内走出的陈先生向记者介绍,赵鹏运对公安机关调查的基本事实认可,但自称水平有限,其行为是否属于传销需由法院来认定。

赵鹏运供述说,亿霖的经营模式并非他个人发明创造,而是延续了他出狱后收购的公司和其他林业公司的模式。公司未收取过入门费,没有强迫投资人必须购买林地,也未按传销方式分级提成,而是按业绩来提成,这是很多行业的共性。总公司购买的林地也未向分公司层层批发,而是让下面的公司承包销售。而据警方调查,亿霖公司名为招聘销售和管理人员,实为通过此种方式忽悠人们购买林地。

涉案16亿　赵鹏运认为有"水分"

对于指控的16亿元非法经营额,赵鹏运也提出了异议,他认为有"水分"。他说,亿霖曾经历过两次退林高峰,对于没有办下证的投资人,他们都予以了退款。

当被问及16亿元巨资的去向,赵鹏运解释说,其中30%的资金作为分公司的成本费用,比如租场地的费用以及提成费;30%购买林地;20%用作高层管理费,即管理人员的提成等,其中的部分资金还进行开发油田等多种经营;20%用作林业托管费。赵承认对于托管费的监管不到位。而据查明,几亿元托管费都装进了各级销售人员的腰包。据检方称,仅亿霖集团国企分公司三部部长、总经理黄金辉违法所得就达5300余万元。

检方认为,28名被告人无视国家法律,违反国家规定,从事变相传销活动,严重扰乱市场秩序,情节特别严重,应当以非法经营罪追究28名被告人的刑事责任。其中第一被告赵鹏运曾因传销获刑1年10个月，有期徒刑执行完毕后5年内再犯罪，系累犯，应当从重处罚。

颜斐/文

（据2008年9月23日《北京晨报》）

>> 律师解读：

法律意识的缺失　是行为人进行非法经营的一个重要因素

北京市赵晓鲁律师事务所马玉芬律师认为：

一、"非法经营罪"，是指违反国家规定，有所列非法经营行为之一，扰乱市场秩序的犯罪，所列行为如下：

（1）未经许可经营法律、行政法规规定的专营、专卖物品或者其他限制买卖的物品的；

（2）买卖进出口许可证、进出口原产地证明以及其他法律、行政法规规定的经营许可证或者批准文件的；

（3）未经国家有关主管部门批准非法经营证券、期货、保险业务的，或者非法从事资金支付结算业务的；

（4）其他严重扰乱市场秩序的非法经营行为。

散见于其他条文中关于"非法经营罪"的规定，如违反国家在预防、控制突发传染病疫情等灾害期间有关市场经营、价格管理等规定，哄抬物价、牟取暴利，严重扰乱市场秩序，违法所得数额较大或者有其他严重情节的，以非法经营罪定罪，依法从重处罚。

在生产、销售的饲料中添加盐酸克仑特罗等禁止在饲料和动物饮用水中使用的药品，或者销售明知是添加有该类药品的饲料，情节严重的，以非法经营罪追究刑事责任。

违反国家规定，采取租用国际专线、私设转接设备或者其他方法，擅自经营国际电信业务或者涉港澳台电信业务进行营利活动，扰乱电信市场管理秩序，情节严重的，以非法经营罪定罪处罚。

在国家规定的交易场所以外非法买卖外汇，扰乱市场秩序，情节严重的，以非法经营罪定罪处罚。

违反国家有关盐业管理规定，非法生产、储运、销售食盐，扰乱市场秩序，情节严重的，以非法经营罪追究刑事责任。

违反国家烟草专卖管理法律法规，未经烟草专卖行政主管部门许可，无烟草专卖生产企业许可证、烟草专卖批发企业许可证、特种烟草专卖经营企业许可证、烟草专卖零售许可证等许可证明，非法经营烟草专卖品，情节严重的，以非法经营罪定罪处罚。

结合本案如果认定了是传销，由于当时没有对传销这种行为规定专门的罪名，根据当时的批复是应当非法经营罪的。

《最高人民法院关于情节严重的传销或者变相传销行为如何定性问题的批复》规定，对于1998年4月18日国务院《关于禁止传销经营活动的通知》发布以后，仍然从事传销或者变相传销活动，扰乱市场秩序，情节严重的，以非法经营罪定罪处罚。（现已失效）

后来我国为了进一步打击传销活动或者变相的传销活动，司法部门在《刑法修正案七》中对此作了专门的规定，并给出了专门的罪名"组织领导传销罪"。该罪的规定如下，组织、领导以推销商品、提供服务等经营活动为名，要求参加者以缴纳费用或者购买商品、服务等方式获得加入资格，并按照一定顺序组成层级，直接或者间接以发展人员的数量作为计酬或者返利依据，引诱、胁迫参加者继续发展他人参加，骗取财物，扰乱经济社会秩序的传销活动的，处五年以下有期徒刑或者拘役，并处罚金；情节严重的，处五年以上有期徒刑，并处罚金。

二、犯罪构成及刑罚规定

本罪的主体是个人或单位，本罪的主观方面为故意，客体为国家对市场的管理秩序，客观方面为违反国家规定，非法从事经营活动，扰乱市场秩序的行为。

三、律师提示法律风险防范

群众对非法经营罪的法律认识不足，一些经营者比如从事黑网吧、卖六合彩的行为人，虽然知道其行为违法，但大都不会意识到其行为已经构成犯罪，这种法律意识的缺失是行为人进行非法经营的一个重要因素。故提醒广大的经营者要守法经营，有些经营行为并不是可以罚款了事的，甚至会引发牢狱之灾。

男子在地铁随地小便摔入隧道获赔1.8万元

乘客吴先生酒后在地铁隧道口栅栏隐蔽处"方便"时,恰巧一辆地铁列车驶过,吴先生不幸掉入隧道受伤。昨天西城法院一审判决地铁公司应在无过错责任范围内承担10%的赔偿责任,赔偿吴先生1.8万余元。这是继吴华林案判赔80万元后,地铁又一次为"无过错责任"埋单。

去年12月21日21时左右,吴先生参加完公司聚会后,乘坐地铁一号线回家。途中尿急,就在西单站下车寻找卫生间,但是没有找到。情急之下,他翻过隧道口栅栏小便,随后沿原路返回。恰巧有一辆地铁列车驶过,他被刮入隧道,造成头部、左肩等多处受伤,地铁公司立即将他送往医院救治。

吴先生认为,地铁公司对此事应当承担责任,遂将地铁公司告到法院,要求对方赔偿10万余元。在审理中,地铁公司的代理人介绍说,当时,吴先生擅自越过护栏区域,进入隧道洞内,在其返回站台时自行掉下站台。地铁公司不同意吴先生提出的赔偿诉求。

法院认为,吴先生酒后擅自进入有明显"禁止入洞"标志的站台延伸处小便,不但违反了乘客义务,而且使自身处于危险环境之中。录像显示原告便溺后,上行列车已经驶向车站,如原告稍作停留,则可避免事故发生。原告的一系列行为虽非故意,应认定为有重大过错。而地铁列车司机正常驾驶车辆进站,不存有违章行为。地铁虽对该事故产生无过错,但依据公平原则,亦应在无过错责任范围内承担10%的赔偿责任。

据了解,此案是继轧断乘客吴华林双腿,被判赔80万元后,地铁面临的又一次"无过错责任赔偿"。地铁公司的代理吴律师在记者采访时表示,这些案件都是因乘客不小心造成,对于无过错赔偿,"我们很无奈"。

记者:从去年到现在,地铁公司被诉赔偿的案件有几起呢?

吴律师：有3起。除了吴华林诉地铁的案子有了终审结果，其他案子都在处理之中，还没有最终的结果。

记者：这些案子都有什么共同点呢？

吴律师：地铁与普通交通工具是不同的，所以此类案件不适用道交法，法官审理此类案件多依据民法的无过错原则等，此类案件的赔偿数额很大程度上取决于法官的自由裁量，因此每个案件的赔偿数额是不同的。

记者：此类案件是因为乘客受伤引发的，地铁公司对此将会采取什么措施呢？

吴律师：在此类案件中，地铁公司都是无过错，地铁出于对乘客安全的保护，设置了很多安全设施，如安全门等，但是不可能百分之百避免此类案件的发生，因为受伤的乘客都是因为自身没有尽到注意义务，没有遵守地铁的相关规定，才造成了悲剧发生，我们也觉得很"无奈"。

武新/文

（据2008年7月1日《北京晨报》）

>> 律师解读：

行为人有重大过错引起的意外 地铁经营单位承担的责任可以适当减轻

北京市赵晓鲁律师事务所袁慧律师认为：

上述案件涉及的法律问题主要是民事责任的归责原则。在我国，民事责任的归责原则体系是由过错责任原则、无过错责任原则、公平责任原则所构成。

一、过错责任原则

根据我国法律的规定，公民、法人由于过错侵害国家的、集体的财产，侵害他人财产、人身的，应当承担民事责任，这是被公认的确立过错责任原则的法律规定。这一原则的确定，为民事主体的行为确立了标准，它要求行为人要对他人谨慎、注意，努力避免损害后果发生，即要做个"谨慎人"。在审判实践中，判断行为人是否有过错，要以行为人的预见能力和范围为基础，而预见能力和范围，一般根据三方面因素来确定，一是造成损害时的业务的性质；二是实施某种行为时的客观情况；三是行为人的个人才能。适用过错责任贯彻的是"谁主张谁举证"原则，即受害人在主张加害人承担民事责任时，要举证证明加害人对损害的发生具有主观过错，即具有故意或过失，如不能举证证明，则其主张将不能成立。

二、无过错责任原则

法律规定，当事人没有过错，但法律规定应当承担民事责任的，行为人应当承担民事责任。简单地说，无过错责任原则不以当事人的主观过错为构成侵权行为的必备条件。比如，从事高空、高压、易燃易爆、剧毒、放射性、高速运输工具等对周围环境有高度危险作业的，在没有过错的情况下，造成他人损害的，应当承担民事责任。如果行为人能证明损害是由受害人故意造成的，行为人不承担民事责任。而在确定赔偿责任时，如受害人有重大过失的，可以相应减轻赔偿人的赔偿责任。

三、公平责任原则

法律规定，当事人对造成损害都没有过错的，可以根据实际情况，由当事人分担民事责任，这是对公平责任原则的原则性法律规定。关于正当防止超过必要限度造成不应有的损害、关于紧急避险造成损害如果危险是由自然原因引起的损害的承担，是公平责任原则在立法上的直接规定。另外，《民通意见》中规定：当事人对造成损害均无过错，但一方是在为对方的利益或者共同的利益进行活动的过程中受到损害的，可以责令对方或者受益人给予一定的经济补偿，目前也认为适用 "公平责任原则"。

四、律师提示

根据我国侵权责任法的规定，地铁作为高速运输工具，造成他人损害的，地铁的经营单位应当承担责任，但是该损害是由于行为人有重大过错引起的，则地铁经营单位承担的责任可以适当减轻。

律师提示，在公共场合，我们每个人均应遵守公共场合的各项秩序，提高风险防范意识，尽到一个人的合理注意义务，避免因自身原因给自己带来身体上的伤害。

男子兜售院士称号
骗50名老总　自诩空前绝后
真院士被当诱饵　骗子受审不认罪

案情回放

据检察机关指控，2002年3月27日，被告人关制钧在香港注册成立中国管理学院有限公司，并于2003年1月在京注册成立香港中国管理学院有限公司代表处。自2004年8月起，被告人关制钧伙同程建馥在海淀区知春路1号学院国际大厦901室等地，隐瞒其公司经营范围，以虚构的"中国管理科学院"名义，通过网络和信函发布虚假信息，以评选院士并收取评审费为名，先后骗取50人所谓"评审费"共计人民币2840280元，涉及北京、广东、浙江等地多家大企业的董事长和总经理。

而在这起涉嫌诈骗案中，数十名知名两院院士也在不知情的情况下被关制钧免费授予"中国管理科学院院士"的头衔，成为其钓鱼的"诱饵"。

"我只能说我没骗。"当公诉人宣读完被害人相关资料、法官询问被告有何意见时，46岁的关制钧如是作答。因涉嫌以中国管理科学院的名义评选院士，诈骗50名被害人284万余元，关制钧与其妻程建馥被检察机关以涉嫌犯诈骗罪提起公诉。昨天上午9时，海淀法院第二次开庭审理此案。

庭审现场　280元换个院士证书

在庭审过程中，面对检察官的指控，关制钧拒不认罪。当法官询问他是如何制定评选标准以及如何进行评选时，关制钧称，评选标准都是他个人制定的，但他已经不记得当初评审委员会中的成员都有哪些人了。

为获得"院士"证书，50名老板多的交了20万元"评审费"，少的则只交了280元。庭审中，关制钧的代理律师认为，关制钧注册的公司真实有效，即便是在评选院士过程中犯了收费错误，顶多也就算是超范围经营，违法收费，构不成诈骗。但承办检察官何柏松表示，关制钧利用"两院知名院士"迷惑这些被害者，使其相信其公司具有评选的资质，从而使对方掏取评审费参评。而且所谓的评审从头至尾都是一个人在操办，收取钱财后，对方便可获得证书，且最终评审费的去向也都被关制钧用来购买房产，应该构成诈骗。

嫌犯脸谱　"我的行为空前绝后"

"我对律师为我做无罪辩护表示非常满意。"虽然在做最后陈述前，关制钧对法官说自己有些紧张。但在接下来的20分钟里，这位曾经有过20多年管理经验、出过两本管理书籍的专家侃侃而谈自己不该被判"诈骗"的原因。

"99%拥有正高职称，20%是博导硕导，70%是社会团体和单位精英……"关制钧用一连串的百分比来表示自己评选出的"中国管理科学院院士"的高质量。他说院士不是学位、学历、职称，只是一种荣誉。他认为自己成立的中国管理科学院进行的院士评选是前无古人、后无来者的举动。

"我认为这个案件很特殊，我想法庭也是第一次接触类似案件，如果判我无罪，我想这对法庭来说也是个学习的机会。"关制钧最后说道。

何祚庥：我第一个识破骗局

"一些院士没有警惕，在不知情的情况下填写了资料，就莫名其妙地被授予中国管理科学院院士，随后被人利用。"昨晚，记者采访了正在参加两院院士大会的中科院院士何祚庥。听到关制钧案开庭审理的消息后，何老告诉记者，当年就是他第一个识破了关制钧的骗局并告知单位领导，随后引发了60位两院院士声明集体退出中国管理科学院院士的举动。"他当时也给我打过电话，直接告诉我我被授予了中国管理科学院的院士，我就知道是骗局。"何老说，真正的院士评选是非常严肃的，要经过提名、审查、预选、投票、候选一系列环节，类似"中国管理科学院"的这种评选实际也是对院士们不尊重的表现。

（据2008年6月25日《北京晨报》）

▶▶ 律师解读：

以收取评审费为名诈骗钱财，符合诈骗罪的构成要件

北京市赵晓鲁律师事务所袁慧律师认为：

根据我国法律的规定，诈骗罪，是指以非法占有为目的，使用虚构事实或者隐瞒真相的方法，骗取数额较大的公私财物的行为。

诈骗罪的构成要件：

客体要件：本罪侵犯的客体是公私财物所有权。客观要件：本罪往客观上表现为使用欺诈方法骗取数额较大的公私财物。主体要件：本罪主体是一般主体，凡达到法定刑事责任年龄、具有刑事责任能力的自然人均能构成本罪。主观要件：本罪在主观方面表现为直接故意，并且具有非法占有公私财物的目的。

诈骗公私财物，数额较大的，处3年以下有期徒刑、拘役或者管制，并处或者单处罚金；数额巨大或者有其他严重情节的，处3年以上10年以下有期徒刑，并处罚金；数额特别巨大或者有其他特别严重情节的，处10年以上有期徒刑或者无期徒刑，并处罚金或者没收财产。另有规定的，依照规定。

根据相关司法解释，诈骗公私财物价值3000元至1万元以上、3万元至10万元以上、50万元以上的，应当分别认定为刑法诈骗罪规定的"数额较大"、"数额巨大"、"数额特别巨大"。

上述报道中，关制钧虚构"中国管理科学院"名义，以评选院士收取评审费为名诈骗钱财的行为，符合诈骗罪的构成要件，涉案金额特别巨大，依照我国相关法律规定，应处10年以上有期徒刑或者无期徒刑，并处罚金或者没收财产。

母女闹矛盾上庭争房产
女儿提出要父母腾房

"首付款是我出的,每个月还贷款也是我用退休工资和出租房子的钱,房产证虽然是她的名字,但实际上是我的!"昨天上午,62岁的李老太手拿着存折和银行卡,一笔笔地给法庭算账。用女儿的名义贷款并办理了住房手续后,因女儿起诉到法院要求父母腾房,李老太又将女儿推上被告席,要求法院确认房屋归她所有。昨天上午,朝阳区法院亚运村法庭开庭审理了此案。

庭审现场　女儿要求父母腾房

昨天,李老太和老伴以及外孙子一起来到法院。"就这么一个宝贝女儿,真不想上法庭,谁让她先告我们的?"说起她和老伴如何疼爱女儿,老人抹起了眼泪。

李老太说,女儿28岁离婚后一直和他们住在一起,孩子也是他们帮着带。1999年,女儿患上尿毒症,自己将宣武区虎坊路的一套房屋卖掉给她看病。为了方便去中日医院,2002年8月,她又在医院附近买了套房子。"因为我年龄大了,没法在银行申请贷款,我就用女儿的名义申请贷款,但实际还款人是我。另外还用在东大桥的一套三居室出租的租金用来还贷款。"

"将近10年,老伴天天接送她去医院,可女儿现在动手打过她爸,还辱骂我说,不管是谁交的钱,只要是她的名字,房子就是她的,要求我们搬家。我只好跟她争房子。"李老太说。

尽管老两口拿出厚厚一摞证据证明钱是从他们的存折和银行卡上转到女儿账户上的,李老太女儿崔女士的代理人却另有说法,声称房产是崔女士购买的,李老太老两口收入微薄,根本不具备还款的能力。"崔女士的经济条件优越,目前也有着自己的公司。房子的首付款和每月的还贷款都是崔女士支付的。"代理人说，崔女士生病住院的钱是单位支付的，后来的治疗属于医保范围，也谈不上花父母的钱。

庭审最后，老两口表示，愿意将诉讼请求变更为房产三人共同所有。由于被告不同意调解，法院将择日进行宣判。

母亲：女儿这样做是为了报复

"我们只有一个女儿，将来我们死了，房子不都是她的吗？跟她争房其实是为了她好。"庭审结束后，李老太告诉记者说，他们最不满意的是女儿的男朋友，怕女儿被骗了。

女儿：老人太溺爱孩子

昨天，崔女士为避媒体没有参加庭审，独自一人坐在车里。"老人太溺爱孩子，我想带着儿子单独过。"崔女士说，她之所以告父母腾房，是因为他们总干涉自己的生活。

外孙子：不想跟妈妈过

昨天上午，14岁的小浩应老人要求出庭作证，不过他也说不清楚房子到底是谁出钱买的，只是说听姥姥姥爷说这房子是他们买的。小浩4岁时父母离异，从小跟老人一起长大。小浩说，妈妈以前对他还行，自从找了男朋友后，她和姥姥总吵架。

颜斐/文

（据2008年5月9日《北京晨报》）

>> 律师解读：

"借名买房"：相关法律不能违背，相关证据需要保留

北京市赵晓鲁律师事务所袁慧律师认为：

一、房屋所有权以房产证上的登记为准

根据我国物权法及相关法律规定，即不动产物权的设立、变更、转让和消灭，经依法登记，发生效力；未经登记，不发生效力，但法律另有规定的除外，可以认为不动产产权实行登记制度，房屋权属证书是权利人依法拥有房屋所有权并对房屋行使占有、使用、收益和处分权利的唯一合法凭证。因此，判断房屋产权归属应以产权证为准，房屋产权登记在名义产权人名下，则实际出资人对房产不享有物权权利。在司法实践中，如果没有相应证据证明房屋产权登记有误，则房管部门不会轻易改变该房屋的所有权。房屋所有权应以房产证上的登记为准。

二、房屋实际出资人与登记的产权人之间形成的是债务关系

一般来说，如果遇到这种纠纷，无论是否有对房产权属的书面约定或约定是否有效，至少实际出资人可以向名义产权人主张购房款，其依据可以是不当得利，也可以是双方事前对房屋处置的约定。至于如果因房价上涨而造成的实际出资人的损失，除根据合同约定外，法院的判决一般倾向于按照一定的比率，将上涨的金额要求实际获得房屋的产权人一并支付给实际出资人，但可能按照具体案情不同有不同的做法。

另外，如果父母为子女购买房产，属于赠与性质，除出现法律规定的符合撤销赠与的情形外，则父母起诉子女要求返还购买房屋的出资款的，法院一般不予支持。

三、律师提示

在实践中，如必须要借名买房的，首先应不能违背法律规定，其次需要保留借名买房的相关证据，否则极易引起法律风险。

需要提示广大读者，在"借名买房"时，一定要注意认清楚所购房屋的性质，如果是拆迁房、安置房、经济适用房等有政策限制交易条件的房产，建议不要借名购买，以免最后房财两空。

美腿手术治出"长短腿"
医院被判赔偿95万

做了"美腿手术"之后,并无大碍的韩怡(化名)成了"跛足",而这项手术还是在三甲医院由著名专家操刀的。更令她感到难以承受的是,她实施的这项手术目前不属于我国政府颁布的医疗美容手术范围。现在,她的腿部修复要赴美国进行,80万元的修复费令韩怡望而却步。

事件 美腿手术失败

韩怡今年37岁,是一位身材苗条的时尚女性。

但是整整两年了,她没有穿过短裙,只能穿平底鞋,一只鞋里还垫着透明的胶垫。"两年前我因为腿部抽筋到北医三院就诊,在其门诊部做了一项腿部的美容手术,没想到被整瘸了。"按韩怡的说法,她现在的腿长短不一、粗细不同,而且小腿肚子的肌肉如石头般坚硬。

昨天,韩怡与记者见面,讲述了她的修腿奇遇。"2005年10月,我因为腿部经常抽筋,到北医三院就诊。他们建议我到北医三院上地门诊部的医疗美容中心做'小腿肌肉祛除术'。大夫当时跟我说,这项手术不仅能解除病痛,而且能使双腿看起来修长纤细,3天下地不影响工作,无副作用。我就动了心。"韩怡说,大夫还信誓旦旦地表示,他们已经做了上千例这样的手术。

但是,韩怡在病床上躺了足足9天,双腿一直缠着绷带,一个月水肿都没有消除。为了进行康复运动,韩怡还买了专门的健身器,坚持进行大夫建议的爬山运动,睡觉时保持两脚顶着墙的姿势。但是,腿部的麻木、屈伸困难等并发症还让韩怡苦恼不堪。

会诊　转投其他医院

为了弄清自己的病因，韩怡再次找到北医三院上地门诊部。"我发现给我做手术的是两个大夫。除了我点名的秦大夫，还有一位王大夫。"韩怡与医院协商，在免收手术费的情况下可以进行一次修复手术。但是，当韩怡准备好做手术时，大夫让她签手术同意书。韩怡认为手术同意书中有免除医院责任的内容，于是与主治医生发生了分歧，医生摔门而去，手术计划被取消。韩怡事后查阅资料发现，这位王大夫是面额骨整形专家。

腿痛难消，韩怡只好奔波于各大医院——积水潭医院、北京医院、北医三院之间，专家的诊断结论令韩怡一次比一次心寒。"有的大夫说，需要手术，但是要留下很大的疤痕。有的大夫说要保守治疗，但是无法根除症状。"一个专家直接告诉韩怡："神经伤了，腿部麻木解决不了。"

调查　美容手术属于非法？

从韩怡的病历摘要中，记者看到，韩怡做的"小腿肌肉祛除术"是"术中切除肌肉量：左侧为83.5克；右侧为83.5克……"但在韩怡就诊时，一名专家告诉她这项手术是"盲切"。"我感到我被忽悠了。"韩怡决定起诉。

韩怡的律师查阅了大量资料发现，这项手术不在中华医学会发布的《医疗美容项目》内，而且北医三院上地门诊部在北京市卫生局备案的医疗美容项目档案中不包含这项手术。韩怡的代理律师陈晓莺告诉记者，她们和中国医师协会美容与整形医师分会美容与整形修复援助中心进行了联系。他们给的回复中写道："目前国内政府颁布的医疗美容手术范围内，不包括小腿肌肉祛除术的术式"，"目前只有台湾地区和美国的一些医生开展过相关的瘦腿术"。经过会诊与联系，韩怡的腿要到美国进行修复，最初的费用是"70万元到80万元"。

法院　医院赔偿96万余元

去年，韩怡向海淀法院递交了诉状，向北医三院和上地门诊部索赔百万。但是，北医三院否认与韩怡有医疗关系，说派医生前往是"会诊"。上地门诊部认为，这项手术"在国际上是成熟手术"，韩怡的腿部症状是并发症，其原因是韩怡不配合进行第二次手术,因此不同意给韩怡任何赔偿。律师直接将案件定性为"侵权"。"当事人到医院治疗时是健康人,但是他们做的手术却伤害了当事人的人身健康。"

今年1月21日,海淀法院进行了宣判——支持了韩怡80万元的赴美治疗费用,还要求医院赔偿韩怡10万元精神损失费,总的赔偿额为96万余元。法院确认医院超出法定范围执业。北医三院和上地门诊部已经向中级人民法院递交了上诉状。要求确认手术的合法性,坚持不作任何赔偿,要求法院发回重审。

"医生要我尽快治疗,但是我拿不到钱只能拖着。"韩怡担心,如果发回重审,她还要等一年的时间,那她康复的希望将微乎其微。

(据2008年3月14日《北京晨报》)

>> 律师解读:

超出法定执业范围,医疗机构应该承担责任

北京市赵晓鲁律师事务所袁慧律师认为:

我国侵权损害赔偿的原则主要有全部赔偿、限定赔偿、惩罚性赔偿及衡平原则四种。其中人身损害赔偿以全部赔偿为基本原则,也就是说侵权行为人对因侵权行为给他人造成的损害的,赔偿责任的大小,应以其侵权行为所造成的实际损失为依据,予以全部赔偿。这里的损失既包括直接损失,也包括间接损失,间接损失是指当事人已经预见或能够预见的并可以期待、必然得到的利益损失。

医疗机构(包括美容医疗机构和开设医疗美容科室的医疗机构)进行医疗(美容)损害赔偿纠纷,通常分为医疗事故损害赔偿纠纷和一般医疗损害赔偿纠纷两种情形。后者是指因医疗事故以外的原因引起的,包括不申请进行医疗事故技术鉴定、经鉴定不构成医疗事故以及不涉及医疗事故争议的医疗损害赔偿纠纷。因在非医疗机构进行美容引起的损害赔偿纠纷按一般人身损害赔偿纠纷处理。

对人身损害赔偿或医疗事故赔偿通常包括:医疗费、误工费、住院伙食补助、护理费(陪护费)、必要的营养费、残疾生活补助、残疾用具费用、丧葬

费、被抚养人生活费、交通费、住宿费、精神损害抚慰金等。

根据我国侵权责任法的规定，医疗机构因违反法律、行政法规、规章以及其他有关诊疗规范的规定或者隐匿或者拒绝提供与纠纷有关的病历资料或者伪造、篡改或者销毁病历资料，造成患者损害的，则推定医疗机构有过错，由医疗机构承担赔偿责任。

根据案件报道，北医三院和上地门诊部在北京市卫生局备案的医疗美容项目档案中不包含"小腿肌肉祛除术"这项手术的情况下，给韩女士进行了手术，对韩女士的身体造成了伤害。医院的这种行为超出了法定执业范围，属于医疗机构赔偿的范围之内，因此，法院依法支持了韩女士的诉讼请求。

美国骆驼鞋被指假洋货

"骆驼商标原属中国,骆驼休闲鞋却打上美国字样,这不是误导消费者吗?"昨天,律师张建港提着自己购买的一双"美国骆驼"休闲鞋赶到石景山法院,向商家和厂家发难。在庭审中,他以商场及厂家存在欺诈为由,索要双倍购鞋款740元。

事件回放　律师质疑骆驼品牌

张律师回忆说,2008年春,他到位于石景山区的一家大型超市购物时,被"美国骆驼"休闲鞋所吸引。当时,他注意到专柜标有"美国骆驼"字样,鞋的软包装上有"美国骆驼国际投资公司(授权)"的字样。"我以为'骆驼'是美国公司拥有的牌子呢。"张律师说,于是他毫不犹豫地买了一双40码的鞋。

后张律师经查询发现,"骆驼牌及图"商标的注册人是一位姓万的中国公民,而不是美国骆驼国际投资公司。原来,万某获准注册骆驼牌及图商标后,许可美国骆驼国际投资公司使用该商标,此后美国骆驼国际投资公司许可石狮市豪迈鞋业有限公司使用该商标。

"一个中国人注册的普通商标,居然变成了'美国骆驼',让人误解为是美国牌子。"张律师说,这种方式存在欺诈。

庭审现场　厂家提出管辖权异议

庭审伊始,张建港就向法官提出要追加两个被告,一个是"骆驼"商标的注册人万金刚(音),另一个是美国骆驼国际投资公司。张建港的理由很明确,他说:"万金刚对被许可人使用商标没有进行监督,美国骆驼国际投资公司对这种方式误导消费者存有错过。"

作为第一被告的商场代理人表示,该超市并没有欺诈,"骆驼"到底是不是美国品牌不在超市的审查范围之内。这位代理人甚至对张建港的消费者身份提出质疑:"他不是普通的消费者,他去购买骆驼休闲鞋,竟然带着公证人员。"

石狮市豪迈鞋业有限公司的代理人周先生说,该公司认为本案应该到石狮市当地法院审理,故提出管辖权异议的申请。

庭后调查　多数人以为是洋品牌

昨天下午,记者赶到位于石景山区的这家超市,找到了骆驼休闲鞋销售专柜。记者随机询问了十位市民,他们都表示"听说过骆驼休闲鞋"。对于骆驼品牌属于哪国的问题,大多数人都说:"说是美国骆驼鞋应该是美国的吧。"一位市民郭先生指了指脚上的鞋说:"我穿的就是骆驼休闲鞋,这鞋穿着还挺舒服的,当时,外包装上有美国骆驼的字样,我就认为是美国品牌了。"

武新/文

(据2008年5月8日《北京晨报》)

>> 律师解读:

柜台经营者应当明确表明真实的名称和标记

北京市赵晓鲁律师事务所袁慧律师认为:

品牌不同于商标,商标是法律概念,品牌是市场概念。品牌蕴涵着经营者及其商品或服务的品质和声誉,其价值取决于消费者对它的感性认识。商标注册是有注册地选择的,而品牌本身不分国界。

商标是商品的生产者、经营者在其生产、制造、加工、拣选或者经销的商品上或者服务的提供者在其提供的服务上采用的,用于区别商品或服务来源的,由文字、图形、字母、数字、三维标志、声音、颜色组合,或上述要素的组合,具有显著特征的标志,是现代经济的产物。

品牌是给拥有者带来溢价、产生增值的一种无形的资产,它的载体是用于和其他竞争者的产品或劳务相区分的名称、术语、象征、记号或者设计及其组合,增值的源泉来自于消费者心智中形成的关于其载体的印象,是一个市场概念。

在我国，商标注册人可以通过签订商标使用许可合同，许可他人使用其注册商标。许可人应当监督被许可人使用其注册商标的商品质量。被许可人应当保证使用该注册商标的商品质量。经许可使用他人注册商标的，必须在使用该注册商标的商品上标明被许可人的名称和商品产地。许可他人使用其注册商标的，许可人应当将其商标使用许可报商标局备案，由商标局公告。商标使用许可未经备案不得对抗善意第三人。

但是，在商品上标明商标注册人不是经营者的法定义务，经营者没有标明的，不构成对消费者知情权的侵害。经营者在商品（或其包装）上应当使用中文，真实标明生产者名称和地址等内容；经许可使用他人注册商标的，同时应标明使用人名称；进口商品（或其包装）上还应标明原产地，以及代理商或进口商名称和地址等内容。另外，经营者应当标明其真实名称和标记。租赁他人柜台或者场地的经营者，应当标明其真实名称和标记。

根据上述报道和上述法律分析，中国公民万某是骆驼商标的注册人，美国骆驼国际投资公司是商标的被许可使用人，涉案骆驼鞋的产地在中国。骆驼商标是被许可使用的商标，应当在商品上明确标明被许可人的名称和产地，柜台经营者应当明确表明真实的名称和标记。而从上述报道可知，如果销售专柜上仅标有"美国骆驼"字样，鞋的软包装上仅标有"美国骆驼国际投资公司（授权）"的字样，那么这种做法是不符合上述法律规定的，容易让消费者对鞋子生产地等信息形成一定的误导。

离婚第二天与他人再婚
该女子被前夫起诉婚姻不忠

前妻与自己离婚的第二天就与他人结婚，王先生以前妻离婚前不忠为由，将她和她现任丈夫告上法庭，索要赔偿5万元精神损害赔偿金。记者昨天了解到，北京市二中院已经受理了此起上诉案。

今年30岁的王先生是一家公司的工程师，因性格不合，去年10月29日与妻子张女士协议离婚。离婚后没多久，王先生得知公司的一位男同事和自己的前妻结了婚。更让王先生吃惊的是，两人登记结婚的日子竟然是他离婚的次日。

王先生一纸诉状将前妻诉至法院。王先生认为，前妻离婚第二天便与自己的同事登记结婚，前妻在两人婚姻存续期间与他人有同居关系，要求张女士支付5万元精神损害赔偿金。法庭上，王先生提交了他与张女士的谈话录音，以证明对方承认了在离婚之前就与他人同居。

张女士否认说，她在婚姻期间从未与他人有过同居关系，也从未对王先生说过类似的话。

由于证据不足，朝阳法院一审驳回了王先生的诉讼请求，于是王先生上诉到二中院。目前，该案正在进一步审理中。

颜斐/文

（据2008年10月21日《北京晨报》）

>> 律师解读：

感情难以接受，赔偿不予支持

北京市赵晓鲁律师事务所袁慧律师认为：

首先，根据我国法律的规定，因为重婚、有配偶者与他人同居、实施家庭暴力、虐待家庭成员的，导致离婚的，无过错方有权请求损害赔偿的情形。根据以上的法律规定，在婚姻关系存续期间，一方不能向另一方主张损害赔偿，只有在最终离婚的时候，无过错方才能主张损害赔偿。

其次，人民法院受理上述情形的案件时，无过错方提起损害赔偿请求的，还应当区分以下不同情况：

（一）无过错方作为原告向人民法院提起损害赔偿请求的，必须在离婚诉讼的同时提出。

（二）无过错方作为被告的离婚诉讼案件，如果被告不同意离婚也不提起损害赔偿请求的，可以在离婚后一年内就此单独提起诉讼。

（三）无过错方作为被告的离婚诉讼案件，一审时被告未提出损害赔偿请求，二审期间提出的，人民法院应当进行调解，调解不成的，告知当事人在离婚后一年内另行起诉。

再次，当事人在婚姻登记机关办理离婚登记手续后，以上述规定为由向人民法院提出损害赔偿请求的，人民法院应当受理。但当事人在协议离婚时已经明确表示放弃该项请求，或者在办理离婚登记手续一年后提出的，不予支持。

最后，无过错方提出的损害赔偿既包括物质损害赔偿，也包括精神损害赔偿。

根据上述报道，结合上述法律规定，王先生与其前妻协议离婚，如果王先生在办理离婚登记手续一年内，没有足够的证据证明其前妻与他人在与王先生的婚姻存续期间存在同居情形，仅以离婚第二天其前妻与他人结婚为由推定其前妻存在过错，则受理法院不会支持王先生的损害赔偿的请求。

老人病逝留下多份遗嘱
继子起诉继母争房产

"老伴生前几次立遗嘱把这套房子留给我。没想到,他刚去世两个月,他的二儿子突然拿出另一份十几年前的公证遗嘱,要求继承房产,还把我告上了法庭!"昨天上午,69岁的何月娟老人说,刚接到起诉状时,她觉得老伴欺骗了自己十几年,可看了他留下的日记后,又觉得继子手中的遗嘱并非老伴的真实想法。

继子反对继母继承房产

昨天,记者来到何女士位于通州某小区的家中,书桌上摆放着厚厚一摞法律书籍和各种诉讼材料。

何女士说,她和老伴都是丧偶后再婚,各自都有子女,老伴比她大18岁,是离休老干部。14年的婚姻生活虽然充满了坎坷,但总的来说还是幸福的。今年3月2日,韩老先生因病去世,生前立下遗嘱说把房子留给何女士。

今年5月,何女士突然接到老伴的次子韩某的起诉状。韩某起诉说,他的父亲曾于1995年1月12日立下公证遗嘱,表示他去世后此房由他的次子继承,何月娟可住到去世,但如改嫁则不得在此居住,何的子女无权在此房居住。况且该房购房款全部由他出资,因此要求法院判令该房屋由他一人继承。

老人生前留下多份遗嘱

"老头怎么能骗我这么多年呢?他说过要把房子留给我啊?"何女士说,得知老伴曾背着她立过另一份遗嘱,她犹如晴天霹雳。

何女士回忆,老伴第一次主动给她立遗嘱表示把房子给她是在2004年11月6日。原来想去做公证,但因老伴身在重症监护室,后在公证人员的建议下找了两个律师见证。2005年1月7日,老人在病重期间又写了份遗嘱,声明2004年的那份遗嘱永远有效。"2006年在医院里,他又写了第三份,表明我一直精心照顾他,所以房屋由我一人继承。这份遗嘱也有两个见证人签了字。"

翻开老伴留下的3本日记,何女士又意外发现里面夹着4份他随手写下的遗嘱,只是没有签字和日期。"你们都有车有房有收入,无须继承我的这点东西……"韩老先生写道。

此案将于下月开庭审理

"老伴做公证遗嘱的时间恰好是我们刚结婚不久。"何女士说,结婚的前几年,老伴的子女一直不接受她,老伴出于无奈两次到法院和她离婚,法院都没有判离。随着相处时间的增长,老伴对她的感情也越来越深。"老伴在日记里多次提到对我的感激,我相信他对我的承诺是真实的。"何女士这么认为,原告手持的那份遗嘱并非老伴的真实意思。

何女士认为,虽然老伴也表示过当初买房钱是次子出的,但后来已经偿还了。昨天,韩某的律师表示,韩某目前不想接受采访,要等法院的判决后再说。此案将于下月初开庭审理。

颜斐/文

(据2008年6月20日《北京晨报》)

>> 律师解读:

公证遗嘱的效力要高于其他形式的遗嘱

北京市赵晓鲁律师事务所袁慧律师认为:

在我国,遗产继承的方式分为四种:遗嘱继承、遗赠、遗赠扶养协议、法定继承。法定继承在上面三种情况都不存在的情况下,法律根据亲属关系的远近确定的遗产分配顺序。遗嘱继承人的范围,仅仅限于法定继承人中的一人或者多数人,如子女、父母、配偶、兄弟姐妹、祖父母、外祖父母、父母先死亡的孙子女、外孙子女,以及对公、婆、岳父母尽了主要赡养义务的丧偶儿媳和丧偶女婿等。也就是说,遗嘱继承中的受让人,必须在法定继承人范围内,且必须是自然人；而遗赠的受让人必须是法定继承人以外的自然人，或国家及其他社会组织。

根据我国法律的规定，遗嘱的形式有五种，即公证遗嘱、自书遗嘱、代书遗嘱、录音遗嘱、口头遗嘱，上述遗嘱方式都是法律允许的，只要符合该种遗嘱成立的相关要求，就可以成为一份有效的遗嘱。

遗嘱人以不同形式立有数份内容相抵触的遗嘱时，其中有公证遗嘱的，以最后所立公证遗嘱为准，没有公证遗嘱的，以最后一份遗嘱为准。自书、代书、录音、口头遗嘱都不能撤销、变更公证遗嘱。撤销遗嘱后未立新遗嘱的，其财产按法定继承的方式办理。

根据上述报道，韩老先生生前留有公证遗嘱和有见证人见证的遗嘱，但按照相关的法律规定，见证人在场的遗嘱并不能撤销之前的公证遗嘱，公证遗嘱的效力要高于其他形式的遗嘱。

老人被撞伤　绕远做鉴定
交管推荐两家伤残鉴定机构被诉行政垄断

"让家住顺义区的交通事故被伤害人，跨过顺义区到北京城里做伤残鉴定。对老百姓而言，究竟是方便还是麻烦？"昨天，家住顺义的张先生不解地对记者说。他说，他的母亲被撞后需要做事故伤残鉴定，交通支队事故科的交警向他们介绍了两家鉴定机构。费了很大周折去做了鉴定后，他才知道，离家不远就有司法鉴定所。

事件　老人绕远去做鉴定

张先生告诉记者说，今年7月的一天，60多岁的母亲在回家的路上被一辆轿车撞倒，腿部受了伤。顺义交通支队事故科的交警告知他们，要去位于朝阳区清河南镇的北京市红十字会急诊抢救中心司法鉴定中心或者南三环刘家窑桥东的中天司法鉴定中心做伤情鉴定。

张先生说，他开车带着母亲转了小半天才找到顺义交通支队推荐的鉴定中心。当天因为材料不齐，只好返回去。之后，张先生因为工作忙抽不出时间，老人一个人拖着伤腿，倒了几辆车才找到。

张先生疑惑，顺义也有法医鉴定机构，为何不能在顺义做呢？

起诉　介绍行为涉嫌垄断

顺义区法医院司法鉴定所的工作人员对今年来业务的急剧减少也感到纳闷。一位工作人员告诉记者，他们所是经过市司法局批准的司法鉴定机构，过去来所里做鉴定的人一直不少，今年以来，来的当事人越来越少。7月份后，就没人过来了。后来，所里陆续接到群众来信或电话，才知道其中的原因。一位当事人在电话中说，顺义交通支队事故科的民警发给他一张伤残评定告知书，要求他在红十字会急诊抢救中心司法鉴定中心和中天司法鉴定中心两个鉴定机构中任选一家。顺义区法医院以涉嫌不正当竞争与垄断为由,将交通队的上级单位诉上法院。

原因　有备案才有权鉴定

记者了解到,依据2004年发布、今天仍在施行的《交通事故处理程序规定》第四十条,具备资格的检验、鉴定、评估机构应当向省级人民政府公安机关交通管理部门备案,公安机关交通管理部门可以向当事人介绍符合条件的检验、鉴定、评估机构,由当事人自行选择。市交管局事故处于2007年12月25日下发通知,规定从今年1月2日起,伤残评定由在该局备案的鉴定机构进行,目前具备资格的机构是北京市红十字会急诊抢救中心司法鉴定中心和中天司法鉴定中心。

"名义上伤残鉴定当事人可以自由选择,但客观上则构成了指定。"顺义区法医院司法鉴定所有关人员对只有两家机构获得备案有意见。北京市具有鉴定资质的合法注册机构有15家,警方介绍上述两家鉴定机构的行为,致使当事人误认为原告没有司法鉴定资质。原告认为,推荐的行为已涉嫌行政垄断和利用行政手段为鉴定机构拉生意。为此,原告提起了行政诉讼,请求法院确认警方的行为违法。

记者昨天了解到,顺义法院已受理了此案。截至记者发稿前,顺义交通支队未对此事做出回应。

颜斐/文

(据2008年10月7日《北京晨报》)

>> 律师解读:

行政机关作为特殊主体　也可能构成不正当竞争的主体

北京市赵晓鲁律师事务所袁慧律师认为:

所谓不正当竞争,是指经营者违反反不正当竞争法的规定,损害其他经营者的合法权益,扰乱社会经济秩序的行为。不正当竞争的行为主体是经营者。所谓经营者,是指从事商品经营或营利性服务的法人、其他经济组织和个人。非经营者不是竞争行为主体,所以也不能成为不正当竞争行为的主体。但是在有些情况下,非经营者的某些行为也会妨害经营者的正当经营活动,侵害经营者的合法权益,这种行为也是反不正当竞争法的规制对象。比如,政府及其所属部门滥用行政权力妨害经营者的正当竞争行为就是这种类型。

所谓行政性垄断是行政机关或其授权的组织滥用行政权力,限制竞争的行为。主要表现为地区行政性市场垄断、行政强制交易、行政部门干涉企业经营行为、行政性公司滥用优势行为等。它们不属于政府为维护社会经济秩序而进行的正常经济管理,也不属于政府为实现对国民经济的宏观调控而采取的产业政策、财政政策等经济和社会政策。因此,认定政府及其所属部门的一个行为是否构成滥用权力,其依据是国家的法律和政策。如果国家的法律或政策明确规定禁止政府及其所属部门从事某种限制竞争行为,而政府或其所属机构违背规定采取了这种行为,这就构成滥用行政权力限制竞争。

根据上述报道和相关法律规定,顺义交通支队在明知鉴定机构数量的情况下,仅给当事人提供2家鉴定机构挑选,对当事人的选择范围进行限制,将其他鉴定机构排除在选择的范围之外,则顺义交通支队构成滥用行政权力,违反反不正当竞争法的规定。

>> 律师提示

行政机关作为特殊主体也可能构成不正当竞争的主体,因此,政府及其所属部门在行使自身职权的同时,一定要特别注意自身行为是否超越法律规定的范围,以免成为"执法"的违法者。

老板"温柔"抢劫就图减压

作案后给对方留下百元路费　短信通知其夫救人

通州一女房东张艳（化名）在约见看房者时，竟遭对方抢劫。不同于一般劫匪，作案男子手段异常"温柔"，甚至给她预留了回家的路费。后经查，该劫匪竟是一位私企老板，名叫于磊，今年35岁。事后，于磊将自己的这一行为全部归因于"压力太大"。

回放：抢劫后给对方留下路费

去年6月17日，在京经营一家工程设备公司的于磊想租一间办公室，通过网上查找，与张艳预约看房。6月19日上午10时许，于磊来到张艳位于通州区马驹桥镇某小区的房屋处。"进屋后我先看了看房子，和房东谈了半小时。"据于磊供述，当张艳引其到衣帽间察看时，"当时我脑子里一下就浮现出《法治进行时》里犯罪分子行凶的画面。"

他采用捂嘴、掐脖子的方法，逼张艳交出钱来。害怕的张艳便将手包交给他。包里有900块钱，但于磊并没全拿走，而是在询问得知张艳系乘公交车赶来之后，特意留了100元作为回家路费。此外，对方包里的手机和身上的饰物也没拿。

"我问她是不是绑得太紧了？她说紧，我就又给她松了点儿。"于磊说，"毕竟她是一个女同志，遇到这种事肯定很害怕。因此抢劫时，我一直在安慰她，说不会伤害她。"整个过程中，于磊未对张艳进行殴打，离开时还用自己的手机给对方的丈夫发了条短信，通知对方到出租屋找妻子。时隔9个月后，于磊带儿子到丰台区一家影院看电影，被恰好同来看电影的张艳认出，于磊随即被抓获。公诉机关表示，遭劫后的张艳至今未能摆脱恐惧情绪。庭上，于磊多次表示，最大的愿望就是向张艳致歉。

自述:"一家大小全靠我养活"

据了解,于磊经营的公司年收入几十万元,此前也未有过任何不良记录。"我就是压力太大了!"昨天在庭上,于磊这样解释自己实施抢劫的全部动机。整个庭审过程中,这个身高近1.8米的大男人几度泣不成声。他说,抢劫并无预谋,只是为了寻求某种刺激,借此缓解心头巨大的烦闷和压力,"抢劫的前几天,我已经感到胸口憋闷得不行了,但抢劫后,这种情绪并没能得到发泄。"

"我2000年来京,打了4年工,每月只有280元的收入。后来单干了,用了一年的时间,将父母、姐姐一家、妹妹一家总共12口人全部接到北京,还给他们买了房,我和媳妇住在办公室,家人大都下岗了,全靠我养活,我是一家的顶梁柱。我生意上的压力也很大。"

于磊说,自己是个爷们儿,因此无论在外有多苦,回家从来都是笑着。宁可苦自己,也不能让身边的人苦,所有的难处全在自己心里憋着。他表示,因受不住压力,去年曾萌生自杀的念头:"当时我站在我家12楼的楼顶上就想跳下去,但我想到身后还有一大家子人等我养活,就又退缩了。"

"他回家总是乐呵呵的,很少提及工作上的事情,也从未流露出抑郁的情绪。"在他们眼里,于磊是"好儿子"、"好丈夫"、"好爸爸",对朋友仗义,是个"非常优秀的男人"。于磊辩护律师指出,于磊有"阶段性行为障碍和异常",才临时起意,实施抢劫,但该症状并未进行过司法鉴定。

董正/文

(据2009年4月23日《北京晨报》)

>> 律师解读:

行为符合抢劫罪的构成要件　　"平时表现"可能在量刑上会有所考虑

北京市赵晓鲁律师事务所袁慧律师认为:

我国法律规定,抢劫罪是指,行为人以非法占有为目的,以暴力、胁迫或者其他方法当场劫取公私财物的行为。犯本罪的,处3年以上10年以下有期徒刑,并处罚金；有下列严重情形之一的，处10年以上有期徒刑、无期徒刑或者死刑，并处罚金或者没收财产。

抢劫罪的构成要件：

本罪侵犯的客体是公私财物的所有权和公民的人身权利。

本罪在客观方面表现为行为人对公私财物的所有者、保管者或者守护者当场使用暴力、胁迫或者其他对人身实施强制的方法，强行劫取公私财物的行为。这种当场对被害人身体实施强制的犯罪手段，是抢劫罪的本质特征，也是它区别于盗窃罪、诈骗罪、抢夺罪和敲诈勒索罪的最显著特点。

本罪的主体为一般主体。年满14周岁并具有刑事责任能力的自然人，均能构成该罪的主体。

本罪在主观方面表现为直接故意，并具有将公私财物非法占有的目的。

抢劫罪与抢夺罪的区别是：（一）客体要件不同：抢劫罪侵犯的是复杂客体，即公私财产所有权和公民的人身权利；抢夺罪侵犯的是单一客体，即公私财产的所有权。（二）犯罪客观方面不同：抢劫罪在客观方面表现为使用暴力胁迫或者其他方法劫取公私财产的行为，劫取公私财物的数额不限；抢夺罪在客观方面表现为公然夺取公私财物数额较大的行为。根据司法解释的规定，抢夺公私财物价值1000元至3000元以上、3万元至8万元以上、20万元至40万元以上的，应当分别认定为抢夺罪的"数额较大""数额巨大""数额特别巨大"。各省、自治区、直辖市高级人民法院、人民检察院可以根据本地区经济发展状况，并考虑社会治安状况，在前款规定的数额幅度内，确定本地区执行的具体数额标准，报最高人民法院、最高人民检察院批准。

另外，犯盗窃、诈骗、抢夺罪，为窝藏赃物、抗拒抓捕或者毁灭罪证而当场使用暴力或者以暴力相威胁的，以抢劫罪定罪处罚。刑法理论称为转化型抢劫罪。根据司法实践，准确适用上述规定，应当掌握三个条件：一是行为人必须是先"犯盗窃、诈骗、抢夺罪"，这是向抢劫罪转化的前提条件。二是当场使用暴力或者以暴力相威胁，这是向抢劫罪转化的客观条件。三是当场实施暴力或者以暴力相威胁，目的是窝藏赃物、抗拒抓捕或者毁灭罪证，这是向抢劫罪转化的主观条件。

>> 律师分析

根据上述报道和上述法律分析,于磊在实施犯罪行为时,采用捂嘴、掐脖子等方法,逼张艳交出钱,并占为己有,其行为符合抢劫罪的构成要件,但综合其主观恶性、平时表现等情形,法院可能在量刑上会有所考虑。

拉黑活遇城管车被扣　停车场夫妻二人"救"车
偷开自家车　招来盗窃罪

自家的车被城管部门扣押后,"黑车"司机任伟和妻子李建娣预谋将车偷偷开回,没想到被管理人员发现。昨天上午,任伟夫妇因涉嫌盗窃罪,在海淀法院受审。庭审中,被告人的辩护人对检方指控的罪名提出异议。

2008年4月14日10时许,任伟开着自家的银灰色吉利车去拉黑活儿,在西二旗城铁站被城管队员拦住。在确认该车属"黑车"非法运营后,城管队员对任伟开具了扣押单,但任伟拒绝签收。

任伟说,后来他给妻子打电话说"车被扣了"。大概11时许,他们在上地城管队见了面。在城管队的停车场里,任伟用备用钥匙打开车门,李建娣把停车场的铁门推开。任伟称,他刚把车倒出五六米,就被管理人员发现,并被他们拦住了。随后,管理人员报了警。当民警赶到并准备将两人传唤到派出所时,他们采取暴力阻碍民警执法。

从被警方拘留至今,已有10个月的时间。在关押过程中,李建娣写下一封悔过书。"我当时认为这是自己的车,不认为这是盗窃,就没有配合他们的工作。"李建娣说。

昨天此案没有宣判。

庭审特写:
起诉罪名双方有争议

"我们当时只是为了逃避罚款,没想到会触犯法律。"昨天,在法庭上,任伟的妻子李建娣哽咽着说,她和丈夫对都自己的行为感到十分后悔。被带上法庭后,她看到旁听席上10个月未见的家人,忍不住流下泪水。昨天此案没有宣判。

"如果城管扣押的车辆被他人开走,这才构成盗窃罪。"庭审中,李建娣的辩护人对于检方指控的盗窃罪名提出异议。辩护人称，任伟夫妻的行为，并非以非法占有他人财物为目的，其主观上认为这是他们自己的车，只是想趁处罚他们的城管队员不在场和看车的人不认识他们，蒙混用备用钥匙将车开走，应属于非法处置扣押财产罪。

但公诉人认为，任伟的车辆被城管扣押后，该车已属于公有财产，因此被告人的行为构成盗窃罪。非法处置扣押财产罪的对象，应该是被司法机关扣押的财产，而本案中任某的车辆被城管部门扣押，属于行政机关的执法行为，因而应属盗窃罪。记者注意到，任伟和李建娣被海淀分局刑事拘留时，警方当时也认为，二人涉嫌非法处置扣押的财产罪。随后，检察机关在起诉时，认为任伟夫妻的行为构成盗窃罪。

对这两个罪名存在争议的结果，判决可能会大相径庭。根据相关法规，非法处置扣押的财产罪，将被判3年以下有期徒刑。而如果是盗窃罪，被告人将面临3至10年的惩罚。

记者了解到，一年前，海淀法院也审理了一起类似案件：司机徐某将被执法民警扣留的事故车偷偷开走，检察院以盗窃罪起诉，法院以非法处置被扣押的财产罪判处徐某有期徒刑10个月。随后检察院提起抗诉，目前还无结果。

白明辉/文

（据2009年2月10日《北京晨报》）

>> 律师解读：

所谓非法处置扣押的财产罪

北京市赵晓鲁律师事务所袁慧律师认为：

上述报道主要涉及的是刑法中的盗窃罪和非法处置扣押的财产罪，下面将对两罪的区别作为重点进行解说。

所谓非法处置扣押的财产罪，是指行为人明知是司法机关已经扣押的财产，仍将其隐藏、转移、变卖、故意毁损。隐藏、转移、变卖、故意毁损已被司法机关查封、扣押、冻结的财产，情节严重的，处3年以下有期徒刑、拘役或者罚金。

　　非法处置扣押的财产罪的构成要件：本罪侵犯的客体是司法机关的正常活动。本罪在客观方面表现为隐藏、转移、变卖、故意毁损已被司法机关查封、扣押、冻结的财产，情节严重的行为。本罪的主体为一般主体。即年满16周岁且具有刑事责任能力的自然人均可成为本罪的主体，单位也可成为本罪的主体。本罪在主观方面表现为故意，即具有明知犯罪而为之的心理。

　　盗窃罪与非法处置查封、扣押、冻结财产罪，两罪的不同之处主要在于：（一）犯罪客体不同。非法处置查封、扣押、冻结的财产罪侵犯的直接客体是司法机关财产保全措施的正常执行活动；而盗窃罪侵犯的直接客体和同类客体都是公私财产的所有权。（二）犯罪对象不同。非法处置查封、扣押、冻结的财产罪侵犯的对象是特定的，只能是被司法机关依法查封、扣押、冻结的财产；而盗窃罪的犯罪对象则不是特定的，只要是公私财物，都可以成为盗窃罪的犯罪对象。（三）犯罪客观方面的表现形式不同。非法处置查封、扣押、冻结的财产罪在客观方面表现为隐藏、转移、变卖、故意毁损已被司法机关查封、扣押、冻结的财物，情节严重；而盗窃罪在客观方面则表现为秘密窃取公私财物，数额较大，或者多次盗窃公私财物。（四）犯罪目的不同。非法处置查封、扣押、冻结的财产罪在主观方面并非都是出于非法占有财物的目的；而盗窃罪在主观方面必须具有非法占有公私财物的目的。

空降铁架砸人难找元凶　二层以上65户全成被告
被告席响起"冤"声一片

"我们对原告的遭遇表示同情,但我们确实是无辜的!""我们招谁惹谁了,为什么告我们啊?"昨天上午,在朝阳法院十几位业主七嘴八舌地说着,表情里透着委屈。去年3月30日,王女士带着孩子步行走到芍药居北里305号楼南侧,被突然从空中落下的一个铁架子砸中头部,致颅骨骨折。因无法确定肇事者,她将305号楼5个单元二到14层的65户业主一起推上被告席,索赔医药费等2万余元。

庭审现场
餐厅发票都成了不在场证据

昨天一大早,305号楼的许多业主就结伴来到法庭,其中多数是头发花白的老人。"家里就我和老伴两个人,看到法院的传票,我们老两口吓得直哆嗦。"74岁的韩老太说。"这辈子第一次当被告,我气得都睡不好觉。我还想要精神损失费呢!"因为部分业主家一直没有人住,法院至今未能与他们取得联系。

作为32名被告的代表,一位男士首先发表了意见:"原告并不能证明铁架子是从这5个单元抛掷下来的!"该男士说,305号楼很多业主放空调的地方都是石膏板,没有空调架,而且底商上是一个宽5米的露台,当天没有刮风,即便支架脱落也是掉在露台上。

坐在旁听席上的十几位被告也各说各的理,有的人说,自己家里装的是立式空调,没有这种支架;有的人说,事发时,他们的房屋属于出租状态,和自己无关。还有人说,当天一家人一早就外出,并拿出中午就餐发票证明自己不在家。住在二楼的住户张先生还出示他画的图,证明他不可能隔着护栏,把铁架扔出三十米到出事地点。

"铁架子卖了还值钱呢，扔它干吗？"王老太刚一张口，业主笑成一片。由于目前无法说清铁架子是自然脱落还是人为抛掷的，法院建议业主们申请鉴定。

受害者说
知道有冤枉但是没办法

"我知道很多是冤枉的，可我们没有办法……"王女士的母亲说，他们曾建议民警调查，但警方没有立案，而自己又无能为力去查。她说，这件事对女儿心理上造成的影响很大，她至今再也不敢路过事发地点，每天都绕着走，甚至想过搬家。"包括今天她也不愿意上法庭来，总怕有人会害她，心理落下病了……"

昨天下午，记者来到事发地芍药居北里小区305号楼。该楼共计14层，每层有19个单元。事发地点距离该楼直线距离大概有20米左右，中间还隔着底商台阶、人行道和树木等。几乎所有的空调外机都安装在楼房的侧面。一层底商均从楼体向外凸出至少三四米，而且广告牌几乎挡住了二楼住户的窗户。一位底商透露说，原来这里有早市，一些居民不满就往下扔过东西。事发前几天，有人向下扔过酒瓶，差点砸了人。

搜集被告信息用半年

"找不到元凶，我们只好把大家都牵进来。"王女士在电话里告诉记者说，她之所以没有告底商是觉得不太可能，如果是他们扔的话，自己伤得更重。此外，自己被砸倒后，很多底商都围过来看，还给她提供了些线索。"目前身体没有事儿，只是感觉脾气变得比以前大了。医生给我开了抗癫痫的药，也说不好会有什么后遗症。王女士说，因为身体的原因，一直是她的弟弟在帮着搜集证据。王女士的弟弟说，因为物业不肯透露这65户业主的身份证、电话号码等信息，他们光搜集这些信息就用了半年的时间。不过，个别业主的身份和名字还是存在出入，对于如何获得这些信息，他表示不便透露。

颜斐/文

（据2009年4月15日《北京晨报》）

>> 律师解读：

案要及时报，侵权物件保存好

北京市赵晓鲁律师事务所袁慧律师认为：

目前，因高楼坠物致伤的案例越来越多，我国法律对建筑物及其搁置物坠落导致伤害已有明确的规定。建筑物或者其他设施以及建筑物上的搁置物、悬挂物发生倒塌、脱落、坠落造成他人损害的，它的所有人或者管理人应当承担民事责任，但能够证明自己没有过错的除外。建筑物、构筑物或者其他设施及其搁置物、悬挂物发生脱落、坠落造成他人损害，所有人、管理人或者使用人不能证明自己没有过错的，应当承担侵权责任。所有人、管理人或者使用人赔偿后，有其他责任人的，有权向其他责任人追偿。

为了准确理解上述法律的规定，从以下四点进行分析：

一、正确理解建筑物、构筑物或者其他设施及其搁置物、悬挂物

建筑物是指人工建造的、固定在土地上，其空间用于居住、生产或者存放物品的设施，如住宅、写字楼、车间、仓库等。

构筑物或者其他设施，是指人工建造的、固定在土地上、建筑物以外的某些设施，如道路、桥梁、隧道、城墙、堤坝等。

建筑物、构筑物或者其他设施上的搁置物、悬挂物，是指搁置、悬挂在建筑物、构筑物或者其他设施上，非建筑物、构筑物或者其他设施本身组成部分的物品。例如，搁置在阳台上的花盆、悬挂在房屋天花板上的吊扇、脚手架上悬挂的建筑工具等。建筑物、构筑物或者其他设施及其搁置物、悬挂物脱落、坠落，是指建筑物、构筑物或者其他设施的某一个组成部分以及搁置物、悬挂物从建筑物、构筑物或者其他设施上脱落、坠落。例如，房屋墙壁上的瓷砖脱落、房屋天花板坠落、吊灯坠落、屋顶瓦片滑落、房屋窗户玻璃被风刮碎坠落、阳台上放置的花盆坠落等。

二、关于侵权主体

被侵权人因建筑物或者其他设施以及建筑物上的搁置物、悬挂物发生倒塌、脱落、坠落造成他人损害的，可以向三个侵权责任主体：一是所有人。所有人是

指对建筑物等设施拥有所有权的人。建筑物、构筑物或者其他设施多为不动产。一般来讲，不动产的所有人是指不动产登记机构依法登记确定的人。二是管理人。管理人是指对建筑物等设施及其搁置物、悬挂物负有管理、维护义务的人。三是使用人。一般来讲，使用人是指因租赁、借用或者其他情形使用建筑物等设施的人。

三、关于归责原则

上述规定采用过错推定原则。即损害发生后，被侵权人证明自己的损害是因建筑物等设施或者其搁置物、悬挂物脱落、坠落造成的，所有人、管理人或者使用人对自己没有过错承担举证责任，其不能证明自己没有过错的，应当承担侵权责任。

四、所有人、管理人或者使用人赔偿后，有其他责任人的，有权向其他责任人追偿

在司法实践中，一般情况下，建筑物致人损害免责的抗辩事由包括：（1）所有人、管理人证明自己没有过错，也就是自己已经尽了对建筑物的管理义务；（2）不可抗力，如地震、台风等不能预见、不能避免和不能克服的客观现象；（3）受害人过错，如果损害完全是由受害人的过错造成，则建筑物的所有人和管理人免责；（4）第三人过错，如果损害完全是由第三人的过错造成的，则建筑物的所有人或管理人不承担赔偿责任。

>> 律师分析：

律师提示，在类似事故发生后，应当及时报案，保存好侵权物件。

根据上述报道情况，结合上述的法律分析，在确定侵权人的情况下，则被侵权人王女士有权向侵权人主张赔偿；在难以确定侵权人的情况下，则王女士有权向芍药居北里小区305号楼二层以上的房屋所有人或者管理人主张赔偿，但所有人或者管理人能够证明自己没有过错的，无需承担赔偿责任。

酒后一席话　吐露杀人案
两少年害死人命16年后落网

15岁的杨涛和董红亮伙同他人，将一名到本村收废品的外来男子杀死并掩埋。直到16年后，他们才被人举报落入法网。昨天，年过30的杨涛和董红亮在市一中院出庭受审。

今年31岁的杨涛和董红亮都是大兴区北臧村镇农民。据检察机关指控，1992年，时年15岁的杨涛和董红亮伙同他人，经过预谋，将一名到本村镇收购废品的外来男子骗至该村董红亮家的废弃房屋内。他们先用拳头、酒瓶击打被害人的头部，后来，他们又用一把长约40厘米的双刃剑刺向被害人的腰部等处。被害人当场死亡。

杨涛和董红亮等人将被害人的尸体埋在房屋东墙外。他们分了被害人身上仅有的60元，董红亮把自行车变卖了。

一桩杀人案　隐瞒16年

案发后，杨涛和董红亮并没有逃走。他们抱着侥幸心理回到各自家中，都没有向家人透露只言片语。一个拾荒人在村镇里就这样消失了，却没有引起村民们的注意。案发的第二天，村镇里依然如往日一样平静。杨涛和董红亮原本有些忐忑不安的心，一下子踏实下来。在他们看来，这样就算没什么事了。

从此，杨涛和董红亮一如既往地过着正常的生活。在他们的家人眼里，两人与其他的同龄孩子一样，顽皮可爱。杨涛和董红亮成年后，两家人为他们操办起了婚事。两人各自成家后，都没有向各自的妻子提起过不堪回首的伤人事件。

一晃过了16年，杨涛和董红亮干脆就不把这件事当回事了，直到有一天他们中的一人在酒后吐出这一秘密。2007年8月，公安机关突然接到一个匿名电话称，大兴区北臧村镇的杨涛、董红亮等人曾在16年前杀了一个人。根据这条线索，警方将杨涛、董红亮等人抓获。经过调查，他们承认了16年前犯下的罪行。根据我国《刑法》，刑事案件追诉时效最长为20年，杨涛和董红亮差点逃过法律的制裁。

一起上法庭　家人愕然

在庭审中，杨涛和董红亮虽然对16年前具体犯罪情节记得不太清楚，但他们都承认曾一起抢劫杀人。当时，年仅15岁的董红亮辍学在家，而杨涛刚上初一。另一名一起作案的阮某刚上小学四五年级。因为董家丢了一辆自行车，他们怀疑是收废品的人偷的，就想"教训"他一下。可是，他们为了实施这次"教训"竟然使用了董红亮家的一把双刃剑，他们把被害人骗到董家破房内，先是殴打，进而持剑伤人。几个年幼无知的未成年人就这样为自己的一生埋下了祸根。

昨天，杨涛、董红亮的几名亲属也赶来旁听了此案的审理。听了杨涛、董红亮承认犯罪并交代作案情况，所有的亲属都不敢相信杨涛、董红亮就是杀人犯。令他们更感到惊讶的是，两个人可以在家人面前若无其事地生活了这么长时间。

目前，此案还在进一步审理之中。市一中院将择日作出判决。

武新/文

（据2008年9月1日《北京晨报》）

>> 律师解读：

刑事案件的追诉期

北京市赵晓鲁律师事务所屈炜律师认为：

刑事案件的追诉时效是指按照《刑法》规定追究犯罪分子刑事责任的有效期限。在追诉时效内，司法机关有权追究犯罪人的刑事责任，超过了此时效，司法机关就不能再追究其刑事责任，已经追究的，按照如下方式处理：处于公安机关或者检察机关立案侦查阶段的，侦查机关应当撤销案件；处于检察院审查起诉阶段的，检察机关应当做出不起诉决定；处于法院审理阶段的，人民法院应当终止审理或者宣告无罪。

刑事案件的追诉期限从犯罪之日起计算，犯罪行为有连续或者继续状态的，从犯罪行为终了之日起计算，在追诉期限以内又犯罪的，前罪追诉的期限从犯后罪之日起计算，这也被称为追诉时效的"中断"，即此前犯罪没有超出追诉期，又犯新罪的，其前罪的追诉时效从后犯罪之日起重新起算。犯罪分子的罪行超过追诉时效期限的，不再追究刑事责任。

根据《刑法》规定，犯罪经过下列期限不再追诉：（一）法定最高刑为不满5年有期徒刑的，经过5年；（二）法定最高刑为5年以上不满10年有期徒刑的，经过10年；（三）法定最高刑为10年以上有期徒刑的，经过15年；（四）法定最高刑为无期徒刑、死刑的，经过20年。如果20年以后认为必须追诉的，须报请最高人民检察院核准。

另外，根据我国刑法的规定，以下两种情况不受追诉时效的限制，不论经过多长时间，任何时间都可以追究：（一）犯罪行为被侦查机关立案侦查或者人民法院受理案件以后，逃避侦查或者审判的，不受追诉期限的限制。例如人们常说的"通缉犯"。（二）被害人在追诉期限内提出控告，人民法院、人民检察院、公安机关应当立案而不予立案的，不受追诉期限的限制。

根据本案报道的案例，被告人涉嫌在15岁时犯故意杀人罪。法律规定，已满14周岁不满16周岁的人，犯故意杀人、故意伤害致人重伤或者死亡、强奸、抢劫、贩卖毒品、放火、爆炸、投毒罪的应当负刑事责任。因此，本案被告犯罪时虽然只有15岁，也应当负刑事责任，但在量刑时应当从轻或者减轻处罚。故意杀人罪的最高刑为死刑，因此本案应当从犯罪之日开始计算刑事追诉期20年，公安机关在犯罪行为发生16年后抓获嫌犯，没有超过刑事追诉期，犯罪行为人应当承担刑事法律责任。

《物权法》实施后
首例业主状告业委会

　　昨天，西城法院审理了一起业主起诉业主委员会（以下简称业委会）撤销决议的案件。据介绍，这是《物权法》实施以来，首例业主状告业主委员会撤销决议案。

　　去年8月15日，万通新世界广场的业委会就增选一名委员以及是否同意业委会与物业公司重新签订《物业管理服务合同》的事宜，以书面征求意见的方式召开业主大会。当年9月18日，业委会做出业主大会决议，同意签订新合同。但业主王女士认为，这份新合同侵害了自己以及众多业主的权益。

　　经过一番调查，王女士发现，在业主大会决议作出前，票数的统计工作是由业委会委托该大厦的物业公司完成的。因此，王女士觉得，业委会决议的作出"显失公正且存在虚假"。她认为："这份决议涉及万通物业公司的利益，所以我对意见表的覆盖比例和统计的公正性存有异议。"据此，王女士诉至法院，请求法院确认去年8月15日召开的业主大会程序违法，投票无效，并撤销业委会于去年9月18日作出的业主大会决议。

　　昨天，业主委员会的代理律师承认，9月18日这份决议的统计票数等工作是由物业公司参与的，"但物业公司是配合业委会完成的。"他说，王女士没有事实依据证明物业公司在统计票数过程中造假。另外，该律师认为，在此案中，王女士是一个个体，不能代表全体业主。目前，此案仍在进一步审理中。

白明辉/文

（据2008年2月29日《北京晨报》）

>> 律师解读:

业主有权设立他们的自治性组织

北京市赵晓鲁律师事务所屈炜律师认为:

对于建筑小区而言,业主对于建筑物的专有部分,享有专有的所有权,即独立的占有、使用、处分、收益权。而对于建筑小区内属于业主专有部分以外的共有部分,如公共场所、道路、物业服务用房、公共设施等,业主则享有共有和共同管理的权利。

首先,根据《物权法》等相关法律规定,业主为实现上述共有权和共同管理权,有权设立他们的自治性组织,即业主大会,并选举作为其执行机构的业主委员会。共同部分的下列事项由业主共同决定:

(一)制定和修改业主大会议事规则;

(二)制定和修改建筑物及其附属设施的管理规约;

(三)选举业主委员会或者更换业主委员会成员;

(四)选聘和解聘物业服务企业或者其他管理人;

(五)筹集和使用建筑物及其附属设施的维修资金;

(六)改建、重建建筑物及其附属设施;

(七)有关共有和共同管理权利的其他重大事项。

决定前款第五项和第六项规定的事项,应当经专有部分占建筑物总面积三分之二以上的业主且占总人数三分之二以上的业主同意。决定前款其他事项,应当经专有部分占建筑物总面积过半数的业主且占总人数过半数的业主同意。

其次,业主大会和业主委员会有权依照法律、法规以及管理规约对小区进行管理,如对任意弃置垃圾、排放污染物或者噪声、违反规定饲养动物、违章搭建、侵占通道、拒付物业费等损害他人合法权益的行为,要求行为人停止侵害、消除危险、排除妨害、赔偿损失。

最后,业主大会或者业主委员会与业主之间相互制约,业主大会或者业主委员会所作的决定,对业主具有约束力,但业主认为业主大会或者业主委员会所作的决定侵害了其合法权益,可以请求人民法院撤销该决定。

根据本案报道的案情，业主如果认为业主委员会，在选聘物业公司的过程中，违反了法律法规的规定或者违反了业主大会所确定的议事规则、管理规约等，侵害了其合法权益的，有权向法院提起诉讼，要求撤销该决定。法院将根据具体情况和事实，依法做出裁决。

劫匪抢走黑出租
连撞6人致1死5伤

"事情已经过去一个多月了,我孙子仍然半夜从梦中惊醒。"64岁的高奶奶忧心地说。高奶奶说的这次恶性车祸是今年1月13日发生在顺义区木林镇的一起恶性车祸,当天16时许,一名男性劫匪持刀抢走一名女黑车司机的车并将其劫持,双方在扭打过程中,劫匪驾车突然撞向路边的3名行人和3名骑自行车的中学生,导致1名骑车中学生当场死亡,一名中学生左腿骨折,一名路人颅骨重伤,至今仍在医院抢救。

>> 事件回顾

现场　六名路人被撞

"车祸现场看得让人难受。"高奶奶说,1月13日16时30分,她家里接到民警打来的电话,称她的孙子高晗在进村不远处被车撞了。高爷爷骑着三轮车来到事发地点,现场离村口不足一公里,"他说活到这么大岁数还没见过这么惨的场面",只见路面上一大摊血,孙子高晗的左腿还被一辆小轿车的前轮压着,车胎是瘪的,人侧斜躺在地上,自行车在孙子身后几米远的地方。同村的另一个学生魏金爽则躺在了地上没有了气息,还有同村的一名村民则因为撞倒在地陷入重度昏迷。

高奶奶说,其余3名路人都不同程度地受伤。而那名女司机躺在汽车后座上,浑身是血。

起因　劫匪要抢黑车

车祸由一起抢劫案引起。1月13日16时许，一名中年男子从顺义区西单商场上了一辆黑出租，司机是一名中年女子，中年男子提出要到木林镇。结果车行至木林镇北边的孝德村南的路边时，中年男子突然掏出长刀顶在女司机的腰上。女司机交出身上所有的钱，然后又交出手机。该男子接着又提出要女司机交出汽车，女司机奋力反抗，身中数刀后不能动弹，该男子将女司机挪到后座上，自己驾车逃跑。结果汽车从西向东行至木林镇木焦路段时，女司机再次奋力反抗，慌张的劫匪乱了方寸将汽车撞向了路边的3名行人和3名骑车学生。

"孙子真是捡回来一条命。"高老爷子说，他孙子高晗是第5个被撞的，前一个被撞的是同村的学生小魏（孙子高晗和小魏是好朋友），轿车撞倒小魏后自行车的车轮辐条将轿车的右前轮扎瘪。"还幸亏是车胎瘪了。"高老爷子心有余悸地说，如果车胎没有瘪孙子的命可能就保不住了。

结果　擒匪用了10分钟

路人看到小轿车撞人后，立即报警。木林镇派出所的民警3分钟内赶到现场，结果发现劫匪已经弃车逃跑，顺着路人手指的方向，民警立即下车徒步追赶，10分钟后，劫匪落网。"幸亏民警到得快，否则劫匪可能抓不着。"顺义区木林镇王畔庄村一位负责人说，民警抓人的时候他正好在场，民警从出警到抓住劫匪所用时间不到10分钟。该村负责人说，劫匪看样子30多岁，中等个头。

截至目前，该劫匪已被顺义警方刑事拘留，该案仍在进一步审查之中。

>> 最新进展

创伤　伤者仍在治疗

在木林镇王畔庄村，受伤学生高晗仍挂着双拐，靠爷爷骑着三轮车接送上学。记者了解到，车祸中高晗的同村好友魏金爽不幸遇难，至今魏金爽的父母仍没有从悲痛中缓过神来。王畔庄村50岁的村民李某（化名）在车祸中颅骨严重受伤，目前仍在医院接受治疗。

车祸发生后，村里发动村民们给受伤的村民进行了募捐。随后，木林镇相关部门也组织相关单位进行了募捐，截至目前在车祸中受伤的部分村民家中已得到相应救济。

高晗的奶奶告诉记者，她们家领到了5000元的救济款，但相对2万多元的医药费显得杯水车薪。

提议　拿凶犯器官抵债

昨日，记者在采访车祸受伤以及遇难者的家属时，有部分家属提议要嫌犯出卖器官来偿还赔偿金，还有的提出能不能要求黑车女司机赔偿，还有的车主要求联合起诉黑车车主。北京元泓律师事务所曹旭升律师认为，女司机行为属紧急避险，如果其行为造成严重后果，受害人可要求赔偿。而受害人的家属更希望有好心人能伸出援助之手。

郝涛/文

（据2008年2月28日《北京晨报》）

>> 律师解读：

"交强险"的免赔范围

北京市赵晓鲁律师事务所屈炜律师认为：

本案报道的案情，涉及刑事犯罪和受害人的民事赔偿问题。关于抢劫罪及刑事附带民事的问题，本书已有解析，不再赘述。关于本案被撞伤亡村民的民事赔偿责任问题，特别是对于"醉驾"、"盗抢"等特殊情形下发生的交通事故，保险公司的赔偿责任，做一简要分析。

一、一般情况下，由保险公司在交强险赔偿限额内赔付受害人的人身和财产损失

根据我国《道路交通安全法》的规定，投保的机动车与其他机动车或者非机动车、行人发生道路交通事故，所造成的人身伤亡、财产损失，应当首先由保险公司在机动车第三者责任强制保险（"交强险"）责任限额范围内予以赔偿，不

足部分，由机动车驾驶人或者有过错的机动车主，根据过错责任承担相应赔偿责任，机动车一方没有过错的，承担不超过10%的赔偿责任。除非，交通事故的损失是由非机动车驾驶人、行人故意碰撞机动车造成的，机动车一方不承担赔偿责任。

目前，在投保交强险的机动车有责任情况下，人身伤亡损失的交强险赔偿限额合计为12万，财产损失交强险的赔偿限额为2000元；在投保机动车无责任情况下，上述赔偿限额分别为12000元和100元。

所谓交通事故造成的人身伤亡损失，包括医疗费用和死亡伤残赔偿费用。一般应包括医疗费、住院费、护理费、交通费等为治疗和康复支出的合理费用，以及因误工减少的收入、被抚养人生活费、精神损害抚慰金等。造成残疾的，还应当赔偿残疾生活辅助具费和残疾赔偿金。造成死亡的，还应当赔偿丧葬费和死亡赔偿金。财产损失，一般是指"第三方"机动车的维修费用和其他非机动车、行人的直接财产损失。

需要提示的是：第一，对于交通事故的损失是由非机动车驾驶人、行人故意碰撞机动车造成的，机动车一方和保险公司不承担赔偿责任。第二，目前，因交通事故产生的诉讼、仲裁费用和受害人的停业、停产、财产贬值等间接财产损失，交强险不予赔偿。

二、对于发生机动车方无照驾驶、醉酒驾驶、故意造成交通事故等情形，受害方能否通过交强险获得赔偿，原来有争议，现在应该赔

（1）争议的由来

根据我们现行的《机动车交通事故责任强制保险条例》）（简称"《条例》"）二十二条第一款规定："有下列情况情况之一的，保险公司在机动车交通事故责任强制保险责任限额范围内垫付抢救费用，并有权向致害人追偿：驾驶人未取得驾驶资格或者醉酒的；被保险机动车被盗抢期间肇事的；被保险人故意制造道路交通事故的。"而保险公司在交强险合同中，也会根据上述《条例》的规定做出类似约定，如"驾驶人无照驾驶；醉驾；被保险人故意制造交通事故；机动车盗窃期间肇事"情形发生的，保险公司只按照有关规定垫付受害人的抢救费用，并且有权向致害人追偿，受害人的其他人身伤亡损失，保险公司不予赔偿。

由于上述《条例》规定和保险合同的约定，在司法实践中，各地法院对此类

问题，特别是机动车方醉驾、无照驾驶等非法驾车情形而引发的交通事故，受害人是否能够通过交强险，取得人身伤亡赔偿金的争议非常大，有根据《条例》判保险公司不承担责任的（在2013年以前居多），有根据《道交法》判赔的。

（2）最高院司法解释基本明确了交强险的赔偿范围

2012年12月21日起施行的《最高人民法院关于审理道路交通事故损害赔偿案件适用法律若干问题的解释》（简称"《解释》"），对此问题，有了明确规定。即，对于驾驶人无照驾驶或者不符合准驾车型规定的；醉酒或者服用麻醉、精神药品后驾车的；驾驶人故意制造交通事故的；而导致第三人人身损害的，受害人有权要求保险公司在交强险责任限额内予以赔偿。保险公司在赔偿范围内有权向责任人予以追偿。

三、司法解释未能解决的"盗抢"车辆交强险不赔的问题

目前实施的《侵权责任法》第五十二条规定，"盗窃、抢劫或者抢夺的机动车发生交通事故造成损害的，由盗窃人、抢劫人或者抢夺人承担赔偿责任。保险公司在机动车强制保险责任限额范围内垫付抢救费用的，有权向交通事故责任人追偿。"该条规定实际与上述《条例》二十二条的相应规定一致，即"盗抢"车辆在盗抢期间发生交通事故，保险公司除按规定垫付抢救费用外（在实践中，保险公司垫付抢救费用的情况都很少），不承担人身伤亡损害赔偿责任。

四、律师提示和建议

笔者认为，根据《道路交通安全法》和国家设立"交强险"的立法本意，对于机动车事故中受害的第三人，其人身伤亡损失，除了"事故是由受害人故意造成"这一条唯一的免责理由外，肇事方车辆的保险公司均应无条件在交强险限额内予以赔偿。而车主故意制造事故、驾驶人醉酒驾驶、无照驾驶、车辆没有年检、车辆被盗抢等等事由，均不应该是交强险的免赔事由，当然保险公司在赔偿后，有权向侵权人或者责任方追偿。这样，方能符合交强险的立法本意，方能让交通事故中的受害人的人身伤亡损失得到基本的保护。

目前，最高人民法院《解释》的出台和实施，对于此前交强险对于"醉驾"、"无照驾驶"等不赔的混乱局面，起到了拨乱反正的作用，但对于"盗抢"机动车肇事，交强险不赔的规定，《解释》无法突破现行的《侵权责任法》的规定。故此，笔者建议，国家立法机关和国务院，能够适时修订《侵权责任

法》第五十二条和《条例》的相应规定,使得交强险的赔偿范围得以溯本清源,回归其立法本意。

根据本案报道的案情,机动车发生交通事故,正是发生在车辆被"盗抢"期间,依据目前的法律,劫匪应当承担被害村民的民事赔偿责任,但是在刑事附带民事案件中,如果对"劫匪"提出伤残、死亡赔偿金和精神损害赔偿金等索赔要求,依据现行法律都无法得到法院支持。在"劫匪"没有能力或者不予赔偿的情况下,受害的村民也无法通过保险公司在交强险范围内获得赔偿,其人身伤亡的损失很难得以基本填补,更别说足额赔偿了。这是值得立法机关思考和给予纠正的问题。

假出租配备遥控计价器
全套拼装备真伪难辨

只需轻轻按动一下遥控器上的按钮,"出租车"上的计价表就会快速地"蹦字"。此外,这辆车的许多装备都能以假乱真,甚至包括出租车内的椅套和司机身上的工作服都和真的一模一样。昨天,崇文交通支队已将该司机移交市公安局公交总队做进一步调查处理。

黑车上街 4000元变身"出租"

昨天10时许,记者来到崇文交通支队院内,看到这辆车身喷涂着黄蓝相间颜色的捷达"出租车"。

从车的外观看,在车身两侧喷着"首汽"出租车公司的字样,这辆车的车顶上还有出租车标志的灯具。而从车的内部设备看,出租车计价器等也一应俱全。

该车的车牌号是京BL2696。"如果不是因为这辆车套用的号牌是报废车的,我们还真很难辨别真伪。"一名交警告诉记者,该车的车牌其实是属于两块真车牌裁减后拼凑起来的,所以按照通常的辨认假牌方法很难发现。随后,交警将号牌翻到背面,记者看到,在数字牌号的2和6之间有明显的拼接痕迹,并且接缝也是按照"6"的左侧弧线走向的,所以从车牌正面很难查找接缝痕迹。

"假号牌和计价器、顶灯,都是我花4000块钱一块买来的。"昨天,穿着首汽出租车司机工作服的假出租司机石志新交代说,这套东西都是他在南四环西红门附近买来的。"我有一次去那边办事,收到别人散发的卖这类东西的小广告,就萌生了开假出租的想法。"他说,与这套东西附送的,还有一个有4个按钮的遥控器,通过这个带有天线的微型遥控器,司机可随时控制计价表的"蹦字"速度。可是,石志新却矢口否认自己用过该遥控器。

买来这套装备后,石志新又找到一个私人修车点,花不到300元把自己的捷达车身喷上了出租车的标志漆。随后,他在机场附近花70元钱买到了一些出租车机打发票,就开始上路拉活。

只在夜里出来拉活

虽然买来的这副假号牌可以假乱真,但他还是有点心虚,"我家在通州,为了躲交警,我一般都在晚上出来拉活,每天能拉一两百块钱。"他告诉记者,为了能让乘客上钩,也必须在一些细节上用足心思,因为他曾在首汽出租汽车公司工作过一年,因此才比较了解该出租车公司的工作服和车内椅套的样式。可他的违法行为,最终还是因为车牌号露了馅儿,4月29日深夜,崇文交通支队民警夜查当中在南二环永定门桥将他的车截获。

"以后准备捡破烂去"

记者(以下简称记):以前在出租车公司干得好好的,为什么干起黑车了?

石志新(以下简称石):我的腰不好,干不了正规出租,干黑车相对更轻松一点,挣得也差不多。

记:我们在你车里看到了用来控制计价器的遥控器,而且好像已经用旧了,你从来没用过吗?

石:没用过。我虽然开黑车,但不会为了多挣几块钱,就私下里玩猫腻。

记:被交警抓到的时候是怎么想的?以后准备怎么办?

石:被抓的时候就知道自己完了,我现在还没告诉家里人。以后不再干这个了,准备找地方捡破烂去。

白明辉/文

(据2008年5月1日《北京晨报》)

>> 律师解读：

明知是"黑车"乘坐有过错　应当承担相应的过错责任

北京市赵晓鲁律师事务所屈炜律师认为：

本案涉及伪造出租车号牌、非法从事出租车营运的问题。以下对于非法运营的"黑车"，可能面临的法律责任，进行简要分析。

从民事责任方面讲，非法运营的"黑车"与乘客之间的运输合同行为，因为违反法律行政法规禁止性规定，在法律上是无效的。"黑车"司机收取的出租车费是非法所得，应当返还乘客，以"黑车"冒充出租车欺诈乘客的，还应当根据消费者权益保护法，进行三倍赔偿。但是，如果乘客明知是"黑车"而乘坐的，也存在过错，也应当承担相应的过错责任。

从行政责任方面讲，根据我国目前法律法规，政府对于出租车的运营，实行行政许可制度。任何的单位和个人，必须取得相关交通行政主管部门的审批，取得出租车营运许可资质证件后，方可依法从事出租车运营。未取得出租车运营许可资质，擅自从事出租车营运活动的，将面临交通行政等主管部门的行政处罚，包括没收违法所得，扣押非法从事运营的车辆，依法处以罚款等。

从刑事责任方面讲，非法从事出租车运营的"黑车"司机或者车主，在行为符合一定法定条件下，很可能涉嫌构成刑事犯罪。例如，无照运营"黑车"，情节严重的，可能涉嫌非法经营罪。但在目前司法实践中，对一般单纯从事无照运营的"黑车"司机，基本不做非法经营罪的刑事处罚。再例如，在运营"黑车"过程中，伪造政府主管机关核发的出租车运营证照、印章等，则涉嫌"伪造国家机关的公文、证件、印章"犯罪。

刑法规定的"伪造、变造、买卖或者盗窃、抢夺、毁灭国家机关的公文、证件、印章罪"，是一种妨害国家机关公文、证件、印章管理的犯罪，其犯罪行为侵犯了国家机关的正常管理活动和信誉。本罪是组合并列罪名，即行为人从事了"伪造、变造、买卖或者盗窃、抢夺、毁灭"国家机关公文、证件或者印章中的一种行为，就可以定罪，有什么行为就定什么罪。例如，行为人既有伪造国家机关公文、印章的行为，又有买卖国家机关公文、印章的行为，则定"伪造、买卖国家机关公文、印章罪"。本罪是特征是妨害国家机关对于公文、证件、印章的管理。犯本罪一般处三年以下有期徒刑、拘役、管制或者剥夺政治权利；情节严重的，处三年以上十年以下有期徒刑。"情节严重"主要是指，多次或者大量伪造、变造、买卖、盗窃、抢夺、毁灭国家机关公文、证件、印章的；妨害国家机关重要的公文、证件、印章的；造成政治影响很坏、经济损失很大等严重危害后果的；动机、目的恶劣，如出于打击报复或者诬陷他人的目的的等等。

根据本案的报道，"黑车"司机伪造了出租车顶灯、计价器和出租车的号牌等，但没有伪造交通行政管理机关核发的运营证件和印章。笔者认为，出租车顶灯、号牌并不是国家机关的公文、证件，上面也没有国家机关的印章，因此，该行为并不构成伪造国家机关公文、证件、印章罪。

家中画作被"买画人"盗走　小偷家属求情打动画家
画家失窃反为小偷求情

趁画家不备拿走人家挚爱的关公图,画家阿里雷公作画数十年,头一次遭遇"雅贼",但处乱不惊,拍下了与贼人的"合影"。当小偷落网后,雷公亲自上派出所表示原谅他的行为。昨天,记者来到雷公失窃的画室,了解画家丢画、恕贼的经过。

大买家登门求画

昨天,记者走进阿里雷公的画室,屋里已经添置了一个一人多高的"保险柜"。雷公说,他还要配一根防身的拐杖。"我也没想到小偷能登堂入室呀。"

今年1月10日,一个陌生的电话打到阿里雷公的画室。一个有南方口音的男子自称有意求画,还慷慨地表示:"这是给烟草专卖局的老板买的,量很大。"第二天,两名男子来到雷公的画室。雷公向记者描述说:"两个人一胖一瘦,都是中等身材,都有口音。"

随后,两个人就在画室里挑选起来,一会儿要"山水"一会儿又提出看看"仕女",又要"关公"。"那个胖子对画还略懂一些,他说,'关公画'南边的商人最喜欢。"

"我当时就感到有点异常,一直是那个胖子在挑选,瘦子在房间东游西荡,绕着我作画的桌子来回走动。"雷先生已察觉到两人来者不善,于是开始警惕起来。在选画期间,雷公将爱人叫进了画室,提议和两位大买家合张影。"我感觉那个瘦子特别不情愿拍照,推辞了半天。但是,合影上还是有他的半张脸。"

趁忙乱下手偷画

雷公说,前前后后拿出了50幅左右的得意之作,从中午看到下午4时,两人才选定了6幅画。商定的价格是33万元。胖子说,要等第二天把钱打到雷公的账上,再来取画。

在两人告辞时,雷公发现瘦子的腋下塞着一卷纸。"兄弟,这什么意思呀?"雷公提醒瘦子,果然,瘦子腋下的卷纸是一张"关公图"。"当时的气氛很尴尬,瘦子挺不好意思地说:'我太喜欢您的画了,对不起。'"说完,两个人和雷公象征性地握了手,便落荒而逃。

第二天凌晨,雷公越想越觉得他们肯定是贼。于是,雷公连忙赶到自己的画室,一清点,果然少了三张画,一张关公图、一张山水扇面,还有一张伯乐相马图。

苦求情打动画家

雷公等了三天,希望这两个人想起在这里"留过影",能完璧归赵。直到1月16日,雷先生才到派出所报案。第二天,雷先生在派出所对数十张相片进行辨认,指认出了那名"瘦子"。那张合影也成为了重要线索。经过蹲守,1月22日,"瘦子"陈某落网。警方追回了"关公图",陈某家人带回了"伯乐相马图"。但"山水扇面"与"胖子"一起失踪了。

从第二天开始,陈某的哥哥将电话打到了雷先生的画室。"他一上来就道歉,问我能不能和派出所求求情,让他们放人。还说'可以赔偿损失,登门道歉'。"雷先生表示,开始他回绝了陈某亲属的要求。没想到,陈某的家人为了陈某能减轻处罚,在雷公家"蹲守"起来。案发后不久,又有人买画。雷公看到两人留下的姓名,知道还是陈某的哥哥和嫂子。"谁都有亲人,亲人都挺着急的。我也感觉在法律的规定内,能帮他一下,希望他以后出来改过。"

雷公于是约了陈某的家人到派出所签下了一张表示原谅陈某的书信。"希望他能洗心革面。"

李婧/文

(据2008年3月6日《北京晨报》)

>> 律师解读：

"窃贼"获得被害人谅解，可酌情从轻处罚

北京市赵晓鲁律师事务所屈炜律师认为：

案件报道涉及的是盗窃罪。本罪是指以不法所有为目的，盗窃公私财物，数额较大的或者多次盗窃、入户盗窃、携带凶器盗窃、扒窃的行为。

盗窃罪的主体是一般犯罪主体，只要已满16周岁，即年满16周岁具有刑事责任能力的自然人，均可以构成本罪主体。本罪的主观方面是故意，即明知自己的盗窃行为会发生侵害公私财产的结果，并希望或者放任这种结果的发生，同时还具有不法所有公私财物的目的。本罪侵害的客体是他人占有财物的财产权。本罪的客观方面是，窃取公私财物的数额较大，或者虽然窃取数额没有达到法定标准，但是多次盗窃、入户盗窃、携带凶器盗窃、扒窃。

盗窃罪是以非法占用为目的，秘密窃取为特征的财产型犯罪。2011年2月25日第十一届全国人大常委会第十九次会议通过的《刑法修正案（八）》对盗窃罪进行了修改，已经取消了原盗窃罪最高可以处死刑的规定。现行法律规定，犯盗窃罪的，处3年以下有期徒刑、拘役或者管制，并处或者单处罚金；数额巨大或者有其他严重情节的，处3年以上10年以下有期徒刑，并处罚金；数额特别巨大或者有其他特别严重情节的，处10年以上有期徒刑或者无期徒刑，并处罚金或者没收财产。

根据相关法律和司法解释规定，"数额较大"是盗窃行为构成犯罪的基本要件。如果盗窃的财物数额较小，则一般应当依照治安管理处罚法的规定予以行政处罚，不需要动用刑罚。我国目前规定盗窃罪"数额较大"的起点在1000元至3000元以上，具体数额起算标准，由各省、自治区、直辖市高级人民法院、人民检察院根据本地区经济发展状况，并考虑社会治安状况而确定。但对于一些特定的盗窃行为，只要实施了该盗窃行为，即使达不到数额较大的条件，因该行为本身的社会危害性，也构成盗窃罪。这些行为包括：（一）"多次盗窃"。2年内盗窃3次以上的，应当认定为"多次盗窃"。（二）"入户盗窃"。非法进入供他人家庭生活，与外界相对隔离的住所盗窃的，应当认定为"入户盗窃"。这里

所说的"户",是指公民日常生活的住所,包括用于生活的与外界相对隔离的封闭的院落、牧民的帐篷、渔民生活的渔船等,不包括办公场所。(三)"携带凶器盗窃"。携带枪支、爆炸物、管制刀具等国家禁止个人携带的器械盗窃,或者为了实施违法犯罪携带其他足以危害他人人身安全的器械盗窃的,应当认定为"携带凶器盗窃"。需要明确的是,本条规定的构成盗窃罪的"携带凶器盗窃",是指行为人携带凶器进行盗窃而未使用的情况,如果行为人在携带凶器盗窃时,为窝藏赃物、抗拒抓捕或者毁灭罪证而当场使用凶器施暴或者威胁的,构成犯罪的转化,应当以抢劫罪定罪处罚。(四)扒窃。在公共场所或者公共交通工具上盗窃他人随身携带的财物的,应当认定为"扒窃"。

根据本案报道的案情,行为人是"入户"盗窃,无论字画价值多少,已经构成盗窃罪。如果行为人盗窃的字画的财产价值没有价格证明或者根据价格证明认定盗窃数额明显不合理的,应当按照有关规定委托估价机构估价,从而确定盗窃的金额。盗窃罪的被告人及其家属积极赔偿被害人的损失并得到被害人的谅解,并不是应当减轻或从轻判处刑罚的法定情节,但根据"宽严相济"的原则,结合主观恶性、犯罪危害性等情节,可以作为法院在法定刑内从轻判处刑罚的酌定情节。

货车强行通过　撞坏华威过街天桥
撞桥司机首次被究刑责

货车运载货物超高，司机却欲强行通过过街天桥，致使桥梁主体结构损坏，造成50余万元损失。记者昨天获悉，肇事司机张念东因涉嫌以过失损坏交通设施罪被检察机关诉至朝阳法院。据了解，这是本市首次针对撞桥事故追究刑事责任，此前多采取罚款等处罚措施。

今年5月12日凌晨1时许，张念东违章驾驶解放牌半挂车，由南向北行驶至朝阳区东三环路华威桥桥南过街天桥时，明知其汽车装载的塔吊架子超高，仍强行通过。撞击过街天桥导致桥梁主体移位，桥体出现裂痕，随时有倒塌的危险。由于桥梁主体结构无法修复，必须更换主梁，由此遭受的经济损失约50余万元。此外，在桥梁抢修期间，造成东三环主路事故危桥南段及周边地区的交通出现严重堵塞。事后，张念东自首归案。

检察院认为，张念东安全意识淡薄，过失损害交通设施，造成严重后果，其行为触犯了刑法，应以过失损坏交通设施罪追究其刑事责任。

颜斐/文

（据2008年7月23日《北京晨报》）

>> 律师解读：

过失损坏交通设施罪及其他相关犯罪构成

北京市赵晓鲁律师事务所屈炜律师认为：

报道案件涉及的是过失损坏交通设施罪。本罪是指因过失，损坏了轨道、桥梁、隧道、公路、机场、航道、灯塔、标志等交通设施，危害交通运输安全，造成严重后果的行为。

从犯罪构成上讲，本罪的犯罪主体为一般主体，即年满16周岁具有刑事责任能力的自然人，均可以构成本罪主体，因为本罪是过失犯罪，通常机动车驾驶员是本罪的常见犯罪主体。本罪所侵害的客体是危害了航空、船舶、公路、地铁等公共交通运输的安全。本罪在主观方面，必须是行为人出于过失而非故意，这里的过失是指，行为人应当预见自己的行为可能发生危害社会的结果，因为疏忽大意而没有预见，或者已经预见而轻信能够避免，以致发生这种结果的主观心态。本罪的客观方面是，行为人的行为损坏了轨道、桥梁、隧道、公路、机场、航道、灯塔、标志等交通设施，并且已经造成了严重后果。犯本罪的处3年以上7年以下有期徒刑；情节较轻的，处3年以下有期徒刑或拘役。

本罪的特征是，首先，损坏的交通设施必须处于正在使用期间，如果行为人损坏了正在修建尚未投入使用的或者废弃不用的交通设施，不构成本罪。其次，损坏行为造成严重后果，如人身、财产遭受重大损失的，影响交通正常安全运行的。最后，行为人主观上对造成上述严重结果存在过失，若持故意的主观心态则构成破坏交通设施罪。

律师提示：我国刑法对于相类似的犯罪，还涉及"破坏交通工具罪、过失损坏交通工具罪"、"破坏电力设备罪、过失损坏电力设备罪"、"破坏易燃易爆设备罪、过失损坏易燃易爆设备罪"、"破坏广播电视、公用电信设施罪、过失损坏广播、公用电信设施罪"。这些相似犯罪的共同特征是，行为人故意破坏或者过失损坏了公共的设施、设备，对于公共安全造成危害。其主要区别在于，破坏或者损坏的具体公用工具或者设施设备不同。另外，就是在主观方面，是故意还是过失的认定的不同决定罪名的不同，受到刑事处罚的严厉程度也不同。这里所说的故意犯罪是指，明知自己的行为会发生危害社会的结果，并且希望或者放任这种结果发生的主观心态。这些罪名中，故意犯罪造成严重后果的，最高可以判处死刑，而过失犯罪，最高刑通常在7~10年以下有期徒刑，个别罪名造成后果极其严重的，可以判处7~10年以上的有期徒刑。

最后，需要提示注意的是，一些建设施工单位，在施工作业时，未取得相关部门准许或者不注意施工现场的警示标志和有关地下设施设备，不遵守安全规范和施工图纸，野蛮施工，也往往会造成对公共工具、设施等的损坏，造成严重的经济损失或者其他危害公共安全的严重后果，都有可能构成此类案件的过失犯罪。

报道案件中的行为人，违反道路交通安全法律的相关规定，驾驶超高车辆强行通过过街天桥，造成了天桥严重损坏，为什么检察院不以"破坏交通设施罪"起诉呢？因为，虽然行为人对于车辆超高违章是明知的，但是其对于能否通过天桥，所持的是一种疏忽大意的心态或者轻信能够通过的过于自信的过失，行为人在主观上并没有故意要撞坏天桥或者明知一定过不去天桥会造成天桥损坏而硬闯的故意犯罪心态，故此，检察院以"过失损坏交通设施罪"而非"破坏交通设施罪"提起公诉。

女顾客停车场离奇失踪
原是被人劫杀 家属告商场担责

"没想到她去了一趟商场,竟然成了阴阳相隔……"死者赵丽(化名)的丈夫李先生(化名)悲痛地说。昨天,李先生告诉记者,其妻在一家大型商场的四层停车场遭到歹徒劫持,在驾车离开停车场后,残忍地将她杀害。目前,歹徒被警方抓获,此案尚在处理之中。李先生和家人已经向检察机关递交了刑事附带民事起诉状,其中除了要求劫犯承担民事赔偿外,还要求商场承担补充赔偿责任。

起因:购物后女顾客失踪

劫持事件发生在去年12月的一天傍晚,赵丽去了趟商场。李先生和10多岁的儿子没有想到,这竟然使他们阴阳相隔了……

李先生回忆说,他平时工作很忙,照顾儿子的重任就落在了妻子的身上。当晚,他恰好有事外出,儿子要上补习班,赵丽告诉他,她会去接孩子回家的。可是,儿子下课后,站在补习班门口等了很久,也没有见到妈妈,孩子拨通了妈妈的手机,电话里没有声音,很快就断掉了。

孩子只得自己走回了家,李先生听孩子说了此事很着急。李先生的姐姐告诉他,当天傍晚,赵丽驾车送自己去商场吃饭,车子停在了商场四层停车场内。两个人分手后,她没有再见到过赵丽。

"听完姐姐的话,我有一种不祥的感觉。"李先生说,他立即联系了所有的亲戚、朋友,询问妻子的下落,得到的都是否定的回答。李先生和家人向警方报了案。

结局:闻噩耗妻子被劫杀

"当晚,警察调出了停车场部分录像,我没有看到妻子的去向。"李先生对记者说，他在录像中看到其妻送走自己的姐姐后，也下车走进商场，但没有显示其他更多的情况了。

第二天清晨，李先生惦念着妻子的安危，干脆自己驾车赶到停车场，转了一大圈，希望能找到有关妻子失踪的一点线索，然而他的希望最终落空了。

后来，警方通知他"车子找到了"。李先生立即赶过去，发现其妻的车子停在了一家医院门口，只见妻子的尸体躺在车上。几天后，警方抓获了歹徒。

诉讼：家属欲向商场索赔

"对于妻子被劫，商场是有责任的。"李先生说。他认为商场没有尽到安全保障义务，他已经委托律师提起刑事附带民事赔偿的诉讼，除了要求劫匪进行民事赔偿外，还要求商场承担补充赔偿责任。

据李先生的代理人于律师介绍说，歹徒劫持被害人后，逼迫她驾车离开了停车场，又胁迫她到银行取出了现金，后残忍地将其杀害以灭口。据李先生的代理人于律师介绍说，在这个案件中，商场是应当承担责任的。2003年12月26日，最高人民法院出台的《关于审理人身损害赔偿适用法律若干问题的解释》首次对经营者安全保障义务问题进行了规定，经营者对于可能出现的危险应当采取必要的安全防范措施，配备数量足够的、合格的安全保障人员。

因此，李先生和家人向歹徒和商场提出了民事赔偿。

>> 警方提示

警方提示广大市民，第一，人们出行要提高警惕，特别是单独出行时要留心身边前后的情况；第二，一旦发现可疑情况，或者遇人跟踪，应避开暗处，向明亮的地方、人多地方靠近，不要急于上车；第三，女性单独驾车出行，在上车后要立即落锁；第四，碰到陌生人或者异常情况，不要急于下车，先要向警方报案，等待警方赶到现场处理。

》回访现场

停车场没作正面回应

记者在案发现场看到,数百米长的停车场面积很大,每隔一段距离房顶上都安有摄像头。一位正在值班的保安告诉记者,这个停车楼有多层,都与商场相连,为商场提供服务,管理停车楼的物业公司与商场不是一回事,每天每层有一个保安巡查,实行一天三班倒。

昨天,记者致电该商场,咨询人员告诉记者"此事与商场无关,因为停车楼由专门的物业公司负责管理。"记者拨通该物业公司的电话,接听电话的人员告诉记者"此事要找物业保安部",保安部的杜先生对记者说:"我不知道这件事,要问过领导,领导现在不在。"

武新/文

(据2008年6月3日《北京晨报》)

》律师解读:

商场是否承担补充赔偿责任 四个因素也都要综合考虑

北京市赵晓鲁律师事务所屈炜律师认为:

案件报道的是刑事犯罪中的被害人的民事赔偿问题,争议的焦点是,不涉及刑事犯罪的商场或者停车场一方是否应当承担民事赔偿责任的问题。

根据我国法律和司法解释的相关规定,被害人由于被告人的犯罪行为而遭受物质损失的,在刑事诉讼过程中,有权提起附带民事诉讼。被害人死亡或者丧失行为能力的,被害人的法定代理人、近亲属有权提起附带民事诉讼。刑事附带民事,是在刑事审判过程中,人民法院对于被害人因人身权利受到犯罪侵犯或者财物被犯罪分子毁坏而遭受物质损失所应获得的民事赔偿与刑事案件一并审理,是对被害人民事权利的救济制度。刑事附带民事关于民事赔偿的审理,除刑事诉讼法律的一些特殊规定外(如因受到犯罪侵犯,要求赔偿精神损失的不予支持),

主要适用侵权责任法等民事法律。如：犯罪行为造成被害人人身损害的，应当赔偿医疗费、护理费、交通费等为治疗和康复支付的合理费用，以及因误工减少的收入。造成被害人残疾的，还应当赔偿残疾生活辅助具费等费用；造成被害人死亡的，还应当赔偿丧葬费等费用。被害人因受到被告人的侵害已经死亡的，其家属有权依法向被告人提出刑事附带民事诉讼。除刑事被告人外，未被追究刑事责任的其他共同侵害人、被告人的监护人、死刑罪犯的遗产继承人、共同犯罪中，案件审结前已经死亡被告人的遗产继承人、对被害人的物质损失依法应当承担赔偿责任的其他单位和个人可以作为刑事附带民事中的赔偿义务人。

报道案件中，商场或者停车场的管理人物业公司并非刑事案件的被告人，在刑事附带民事案件中，法院是否将商场或者物业公司作为赔偿义务人，列为刑事附带民事中的被告受理，需要法院根据具体情况依法进行审查决定。

我国的民事侵权责任法律及相关司法解释规定，宾馆、商场、银行、车站、娱乐场所等公共场所的管理人或者群众性活动的组织者，未尽到安全保障义务，造成他人损害的，应当承担侵权责任。因第三人的行为造成他人损害的，由第三人承担侵权责任；管理人或者组织者未尽到安全保障义务的，承担相应的补充责任。

根据本案的报道，显然被害人的死亡是由本案的犯罪分子直接造成的，本案刑事被告人，应承担对被害人的民事侵权赔偿责任。而商场或者管理车库的物业公司，是否应对被害人承担补充责任，在于商场或者物业公司是否尽到应尽的安全保障义务，是否存在过错。笔者认为，实践中公共服务场所的管理人，对被害人遭侵权人侵害导致的损害结果，是否承担补充赔偿责任及责任的大小，通常从以下几个方面综合考虑：（一）公共服务场所有无过错；（二）公共服务场所社会开放程度的大小；（三）公共服务场所是经营性还是非经营性；（四）要求公共服务场所安全保障专业性程度的大小。如本案报道中商场的车库，对社会的开放程度较大、对于犯罪方面安全保障的专业性也不强，对其安全保障责任不应过分苛求。一般具备必要的登记措施或者监控录像，相应的消防、报警等安全管理设备，相应的人员管理，通常应认为其已经尽到了安保职责，其安保义务范围通常不应包括抢劫、杀人等刑事犯罪行为所造成的侵害。

苦等三年一万五单价破四万
售楼处称修改规划延迟开盘

时隔3年半,朝外悠唐的房价已上涨了近3倍。如此的升值能力,谁赶上了都会乐开了花,可是和徐先生一样的购房人却不这样想。他们认为,开发商当初让购房人交钱办了会员卡,承诺每平方米15000元的单价,可现在全都不认账。"开发商这是捂盘行为!"针对购房者的怀疑,悠唐的工作人员予以否认。

业主:等了三年多预订房成泡影

2006年1月,徐先生看上了朝外悠唐中心的房子,当时15000元的价格,相比周边的房产也高出不少,"当时东直门的房子才8000元。"徐先生说,那时楼盘还是一片工地,也未正式对外销售,销售人员给购房人办理了一张会员卡,每人交纳5000元的费用,称持有会员卡相当于预订购买房子。

但是很长一段时间过去,悠唐中心都没有开盘销售,徐先生多次询问,得到的也是"预售许可证没有下来"的答复。去年,开发商告知徐先生,房子不卖了,可以退还徐先生5000元办卡费,但此举让包括徐先生在内的购房人不能接受。开发商表示房子一时不会销售,一些等待了两年的购房人只得放弃。但徐先生查询发现,悠唐中心在2007年4月15日拿到了预售许可证,但是一直没有销售。"这不是捂盘是什么?!"徐先生分析,在他们办了会员卡后,房价不断飙升,开发商因此惜售。昨天,徐先生得到消息,悠唐中心更名为"悠唐大都会",并开始对外销售,均价为44000元,相比2006年,价格翻了3番。

售楼人员:8次改规划才致无法销售

昨天中午,在悠唐大都会的售楼处,售楼人员接待了徐先生。一位工作年头较长的售楼人员称,对于当年15000元的单价还有印象,但是表示会员卡超过两年的期限，已经失效。售楼人员称，3年多过去了，期房都变成了现房，不可能按照15000元的价格出售，目前能做出的补偿就是持卡人优先选房，享受九五折优惠。

记者随后采访了售楼处的郭女士，郭女士说，当时共有200名购房人办理了会员卡，但会员卡并非等同于订金，而且到现在为止已经退掉了大多数的会员卡。郭女士解释称，3年多里项目改变了8次规划，导致无法销售。记者在北京市房地产交易管理网上查询到优唐中心在2007年就获得了预售许可证，郭女士表示对此并不知情，至于是否是捂盘惜售，售楼处予以坚决否认。

住建委说法　是否捂盘还有待判定

市房地产交易管理网上显示，优唐中心可售楼房的页面信息中，明确标明"该楼栋曾取得预售许可证"是2007年发放的，2年之后才进行销售，是否属于捂盘？市住建委工作人员表示，按照有关规定，开发商在取得预售许可证后3天内必须开盘。但根据工作人员查询到的信息，优唐中心的房子已改为现房，故是否属于捂盘还无法判定。记者咨询一位业内人士，业内人士表示，开发商取得预售许可证后，如果改变项目规划，需要报批后进行改建，在此期间，开发商不进行销售是可以的。

王彬/文

（据2009年7月22日《北京晨报》）

>> 律师解读：

购买商品房，应当查验开发商的工商营业执照和"五证"

北京市赵晓鲁律师事务所屈炜律师认为：

本案涉及商品房的认购和销售问题，其中既涉及购房者与开发商民事合同效力问题、民事权利和责任问题，又涉及房地产开发销售主管部门与开发商之间的行政监管问题，以下从两个方面进行简要解析。

根据我国相关法律法规和司法解释的规定，开发商销售商品房，必须"五证"齐全。所谓"五证"为《建设用地规划许可证》、《国有土地使用权证》、《建设工程规划许可证》、《建设工程施工许可证》、《商品房销售（预售）许可证》。开发商销售现房或者预售期房，必须五证齐全，五证不齐，特别是开发商未取得《商品房销售（预售）许可证》时，不得以任何形式销售房屋。在开发商未取得销（预）售许可的情况下，开发商与购房者签订的《商品房销（预）售合同》在法律上是无效的合同。如果开发商一直未取得销售许可或者楼盘变成"烂尾"楼或者开发商在取得销售许可证后又将房屋卖给了其他人，则购房人将无法通过该无效的购房合同要求开发商交付房屋。但是，如果开发商故意隐瞒未取得销售许可证的事实或者提供虚假的销售许可证明，导致购房合同无效的，购房人可以要求开发商返还已付购房款及利息、赔偿损失，并可以请求开发商承担不超过已付购房款一倍的赔偿责任。笔者特别提请读者注意的是，如果开发商已经告知购房人还没有取得销售许可，购房人还与其签订合同导致合同无效，则购房人也有一定过错，要求开发商返还购房款没有问题，但可能也要自行承担一部分损失，不一定能取得已付购房款一倍的赔偿。另外，如果出现开发商破产、房屋抵押给银行等情况发生，对购房人而言，能否要回购房款也存在很大的实际风险。

　　开发商在与购房人签订正式商品房前，可以通过认购、订购、预订合约等方式向买受人收受一定订金或者定金，作为订立正式商品房买卖合同担保，我们通常称之为"预约合同"。如果因当事人一方原因未能订立商品房买卖合同，应当按照前述预约合同的相关约定处理收取的订金或者定金。如果预约合同是定金合同，则应适用定金罚则，即购房人违约定金不退，开发商违约定金双倍返还。如果预约合同没有特别约定定金罚则，则属于订金合同，开发商一方违约仅需返还订金，购房人违约则订金不退。如果双方都没有违反预约合同，只是因不可归责于当事人双方的事由，如双方就具体购房合同的条款——房屋价款、房屋交付时间等具体内容未能达成一致而导致未能签订购房合同的，则双方互不承担违约责任，开发商应当将订金或者定金返还给订（定）购人。

　　实践中，与本案报道相类似案情，开发商在未取得销售许可证的情况下，就以"内部认购"、会员认购等名义，向购房人收取认购金的方式"卖房"的情况确实存在。但随着近年来，我国房地产市场越来越规范、法律法规日益健全、行业主管部门监管越来越到位，这种开发商未取得预售许可证的就违规变相售房，收取购房人订金的案例越来越少。对于开发商而言，这种未取得销售许可而进行的"内部认购"、"会员认购"是违规行为，一经发现，行业主管部门会依法对开发商进行行政处罚，情节严重的甚至暂停或者取消开发商的售楼资格。对于购房者而言，这种"内部认购"、"会员认购"得不到法律的保护，会带来较大法律风险。

笔者建议，购房者在购买商品房时，应当查验开发商的工商营业执照和"五证"，"五证不齐"不要购房。如果发生报道案例的类似纠纷，建议购房者与开发商协商解决。例如，参照原认购价格，对市场价格给予一定幅度的优惠折扣，并签署正式购房协议。协商不成，购房者可以向有关行政主管部门进行投诉，以维护自己合法权益。对于开发商"捂盘"销售的问题，各地行政主管部门都有相关的规范，购房者如发现开发商违规行为，也可以向相关主管部门进行投诉和举报。

笔者特别提示购房者，与开发商签订书面购房协议后，一定要在当地行业主管部门的网站上进行"网签"，这样既起到合同依法备案的作用，又起到预告登记的作用，杜绝了开发商"一房二卖"。

购房不到10天直降14.7万元

房价降了　业主讨差价

"如果不是销售人员一再说房子不会降价，我肯定不会买的。这不是欺骗吗？"李女士愤愤不平地对记者说。因购买的房子在签订合同后不到10天就降了14.7万元，李女士将开发商北京方恒置业股份有限公司告上了法庭，要求变更合同条款，调整房屋售价及贷款金额，使其享受与后购房的业主相同的待遇。记者昨天获悉，朝阳法院将于近日开庭审理此案。

事件　购房不到10天直降14.7万元

据李女士说，今年5月10日，她与方恒置业公司签订《北京市商品房预售合同》，购买了东恒时代家园三期的一套房屋。买房前，李女士听说开发商近期会大规模促销，担心现在买房不久就会降价，所以在看房过程中一直没有决定是否购买。"销售人员一再承诺，即将进行的优惠活动只针对不好卖的朝北户型，保证我看中的朝南两居户型绝对不会降价。"李女士说，出于对销售人员所讲情况的信任，她与开发商签订了购房合同。

李女士最早是从网上得知她购买的楼盘降价的消息。5月19日，她去了趟售楼处，售房人员也予以了证实。除南向三居以外开发商对所有户型进行了降价销售，与李女士所购房屋户型相同、楼层相近且原单价相同的商品房降幅达14.7万之多。之后，李女士跟销售主管多次沟通，要求退房或给予相应赔偿，但都没有结果。

李女士认为，销售人员向她隐瞒了与订立合同有关的重要事实，使她在违背真实意思的情况下订立了合同，给其造成重大损失。为此，她诉至法院，要求将合同中约定的房屋单价由套内建筑面积22986.17元/平方米降至21064.22元/平方米，并将贷款金额由60万元变更为不到46万元。

昨天，记者致电方恒置业公司，一位工作人员表示，公司委托一家房屋经纪公司进行销售，对于销售人员的营销模式，公司这边不好参与，他们从未做过不会降价的承诺。"买房就像投资股票一样，是有风险的。降价是市场行为，我们也不好说，还是相互理解吧。"这位工作人员说。

调查　部分开发商会考虑多退少补

记者了解到，由于今年房价下跌导致楼盘销售面临困境，一些外地楼盘销售商为刺激购房者，承诺出现下跌则将全额差价返还，甚至表示在两年后若发现房价跌了，他们可以无条件回购。昨天，记者向几家售楼处询问，位于望京小区的某楼盘销售人员肯定地表示，北京城里的房价不会再跌了，郊区或外地的房子倒有可能。即便真的会降，开发商会考虑多退少补，但还要看自己的成本。另一楼盘的销售人员说，他们还有200套房屋没有售出，虽然市场不太景气，但也不会降价。

颜斐/文

（据2008年10月9日《北京晨报》）

>> 律师解读：

诚实履约是契约精神的核心本质

北京市赵晓鲁律师事务所屈炜律师认为：

本案报道案例的焦点问题是，购房人与开发商签订合同后，能否因后来房价下跌，而提出变更合同，从而执行房价下跌后的价款？双方对于开发商是否承诺过"房价不下跌"也有争议。前一个问题主要是法律问题，后一个问题是事实问题。因为购房合同中并没有体现"房价不下跌"的承诺，在此先假定在签订合同时，开发商并没有承诺房屋不降价，在此"事实"基础上，笔者从法律问题入手分析本案。

根据我国房地产管理的相关法律法规，开发商取得了房屋建设主管部门颁发的房屋预（销）售许可证后，就可以进行房屋的销售，并与购房人签订的商品房预（销）售合同。在正常情况下，合同文本内容本身就是双方真实意思表示的记述，是当事人就交易主体；交易标的；价款；数量质量；履行期限、方式；违约责任；争议解决方式等双方的权利和义务达成合意后的约定。开发商与购房人双方一旦在购房合同上签字、盖章，该合同就已经生效，对双方均有法律约束力，各方依据合同的约定享有相应权利并承担相应义务。

通常情况下，当事人可以按照自己的意志自由地决定是否订立合同，与谁订立合同，以及合同的内容和形式，即契约自由原则。这一原则的核心和实质是当事人的真实意思表示决定了当事人之间的权利义务，依法生效的合同，除非双方协商一致同意变更外，任何一方不得擅自变更。

但是，如果合同订立时，因为某种原因，使得签订的合同并不能反映出当事人的真实意思、明显损害一方当事人的利益，另一方则不适当地通过合同取得了不应有的利益，则合同公平的天平就过于倾斜，在这种情况下，如果仍按照契约自由原则要求合同必须得到履行，则有违公平和正义，所以法律规定了在特殊情形下可以变更或者撤销合同的情形，来衡平当事人的利益，从而对合同自由原则加以适当限制。故此，我国法律规定，在特殊情况下，即在有证据证明在订立合同时存在以下情形的，合同当事人的一方可以请求人民法院或者仲裁机构对合同的条款或相应的内容进行变更或者撤销合同：（一）因重大误解订立的；（二）在订立合同时显失公平的；（三）一方以欺诈、胁迫的手段或者乘人之危，使对方在违背真实意思的情况下订立的合同，受损害方有权请求人民法院或者仲裁机构变更或者撤销。

上述可以变更或者合同的法定情形中，"重大误解"是指订立合同的一方因对合同行为的性质、对方当事人、标的物的品种、质量、规格和数量等的错误认识，使订立合同行为的后果与自己的意思相悖，并造成较大损失的行为。例如，一份啤酒采购合同约定了每箱啤酒的价格，但由于双方对于每箱的数量是12瓶还是6瓶，因当地的包装习惯不同而产生了误会，该合同就属于重大误解。这里需要注意的是，重大误解通常因为主观过失而产生，如果故意，那就可能变成欺诈了。

"显失公平"是指合同一方当事人利用优势或者利用对方没有经验，致使双方的权利义务明显违反公平、等价有偿原则的行为。例如，一起交通事故中，机动车将行人撞伤，机动车主将行人送到医院急诊看病并支付了医药费，行人以为伤情并不严重，于是在医院当场与机动车主达成一次性赔偿1000元的赔偿协议。但后来行人经医院确诊，尾骨骨折并构成十级伤残，显然1000元不足以弥补行人的损失，原赔偿协议显示公平，行人向法院起诉，要求变更原赔偿协议，依法赔偿其伤残赔偿金和误工费等损失6万元，得以支持。

"欺诈"是指一方当事人故意告知对方虚假情况，或者故意隐瞒真实情况，诱使对方当事人作出错误意思表示的行为。例如，某商家销售金项链时，标明并承诺是999足金，但后来经检验，金项链并不是足金，纯度只有60%，这就是明显的欺诈行为，消费者有权撤销合同，并有权根据《消费者权益保护法》，要求商家进行三倍赔偿。

"胁迫"是指订立合同的一方以给对方及其亲友的生命健康、荣誉、名誉、财产等造成损失或者以给法人的荣誉、名誉、财产等造成损害为要挟，迫使对方作出违背真实的意思表示的行为。例如，"小三"以将"丑事"告诉男方的配偶为要挟，迫使男方签订房屋赠与协议，男方可以在签订赠与协议在一年内，提供相应"胁迫"的证据，向法院起诉要求撤销房屋赠与协议。

"乘人之危"是指合同一方当事人乘对方处于危难之机，为牟取不正当利益，迫使对方作出不真实的意思表示，严重损害对方利益的行为。例如，某小孩在河边落水，家长不会游泳求路人甲相救，路人甲提出必须给100万元钱，才肯施救。家长虽然觉得路人甲要价太高，但迫于情况危急，不得不立下"字据"方使小孩得救。虽然家长与路人之间形成的协议应当有效，施救的路人甲也应当得到应有的补偿，但100万元的"救人协议"明显是路人甲乘人之危、违背家长真实意思而订立的，应当可以变更或者撤销。

回到报道争议的案件，如果房屋销售合同中，没有就房屋降价进行补偿或者变更合同等内容进行相关约定，开发商也没有承诺房屋不会降价，那么，合同签订以后，双方就都应当遵守生效的合同，开发商根据市场的变化降价促销行为是开发商的市场行为，并不违反法律规定和合同约定的任何条款，购房人要求变更合同，没有法律依据。

报道案件还有一个争议的事实问题，购房人称售楼人员曾承诺过"房屋不降价"，购房人的诉求能成立吗？笔者认为，第一，需要购房人承担很重的举证责任，购房人应证明，售楼人员"承诺"的具体内容并且该承诺构成开发商的承诺；第二，对于"承诺"的认定可能存在争议，售楼人员在介绍楼盘或者销售楼盘的过程中，很多表述并不清晰、准确，并不一定构成法律意义上开发商的承诺；第三，购房合同中并无"房屋不降价"的承诺条款，也没有如果降价就变更合同的相关约定。因此，如果购房人不能证明开发商承诺过不降价，除非开发商与购房人达成补充协议或者和解，购房人的主张恐怕很难得到法院支持。

笔者提示：诚实履约是契约精神的核心本质，根据双方真实意思表示订立的合同，双方方均应遵守。但欺诈、胁迫、乘人之危、显失公平、重大误解等情形下订立的合同可以在法定期限内请求法院进行变更或者撤销。购房者签订购房合同时，要特别注意开发商的"承诺"和己方的条件是否都明确写在合同条文中，不要轻信销售人员口头的承诺，同时尽可能保留如售楼书、录音录像、照片等相关证据。

公证假金牛外包是铁皮
"3·15"晚会曝光"生肖五福牛"
消费者诉公证处承担连带责任

在今年央视"3·15"晚会上,"生肖五福牛"的骗局被揭露后,许多人才意识到被骗,山西消费者苏红青也是其中之一。由于目前已找不到当时的销售公司,苏红青将为"生肖五福牛"做过公证的北京市东方公证处告上法庭,认为其公证内容失实,负有连带责任。今天上午,苏红青将委托律师向东城法院提交民事起诉书。

"999纯金打造,全球绝版发行3600套,每套编号唯一,本藏品被钓鱼台国礼中心、中国人民对外友好协会和中华收藏协会永久收藏。"这是电视购物广告中对"生肖五福牛"的描述。赵三平律师说,要不是央视在"3·15"晚会上曝光,苏红青直到现在还以为他花了7900元买的"生肖五福牛"是999纯金的呢。经央视送检,该产品系碳酸盐和塑料合成的人造大理石,外包铁皮,检测单位认为外包铁皮上刷的一层粉末中含有微量金元素,但金元素非常少,没有检测价值。

赵三平律师说,经调查,"生肖五福牛"的出品发行人北京壹品宝典展览展示中心,2008年8月25日以张某为负责人成立,是注册资本1万元的个体工商户。在电视广告中,"生肖五福牛"展示了中华历史文化博物馆、中国文物艺术品投资鉴定委员会、中国黄金工艺协会等机构出具的证书,但这些机构或者纯属虚构,或者没有出具过此类证书。目前,销售该产品的客服电话已经否认其是销售单位。

在起诉书中,苏红青要求北京市东方公证处和播出该产品广告的某电视台承担连带赔偿责任,赔偿金额为15800元。此外,苏红青还委托赵三平律师向丰台公安分局报案称,张某设立壹品宝典展览展示中心后,伪造各种证书,虚构事实、隐瞒真相,在全国范围内大肆骗取公私财物,苏红青请求警方立案追究张某的刑事责任。

"我们只根据申请对'生肖五福牛'限量发行的多少,以及每套所拥有的唯一编号进行了公证。"昨天下午,北京市东方公证处的高女士在接受记者采访时说,她曾参与该产品的公证,目前还不知道其所在公证处将被告上法庭。她还告诉记者,东方公证处出具的公证书中之所以会出现"经查,该产品系中国黄金工艺协会监制"的字眼,是因为申请公证的公司在送交的材料中包括该协会的证明,公证处经过相关调查后,作出公证。但原告律师表示,所谓的"中国黄金工艺协会"根本就不存在。

白明辉/文

(据2009年4月21日《北京晨报》)

>> 律师解读:

公证过错的损害赔偿

北京市赵晓鲁律师事务所屈炜律师认为:

根据前述新闻报道案例所显示的信息,该案件可能既涉及刑事上的诈骗犯罪问题,也可能涉及民事上虚假广告宣传和公证过错的损害赔偿问题。现仅就公证损害赔偿问题进行简要解析。

一、何为公证和公证过错的损害赔偿

所谓公证,是公证机构根据公证申请人的申请,按照法律规定,对于与申请人有关的民事法律行为、有法律意义的事实和文书的真实性、合法性予以证明的活动。

常见的公证事项有:(1)文书的真实性公证。如合同签署的公证,证明合同双方意思表示真实,合同内容不违反法律、行政法规禁止性规定。(2)民事法律行为的公证。如房屋买卖的委托公证,证明房屋的合法所有人委托受托人代理其买卖房屋,并签署授权委托书;遗嘱公证,证明立遗嘱人处分自己合法遗产的真实意思表示。(3)事实公证。如侵权证据保全公证,网站于某年某月某日登出带有侵犯申请人名誉内容的文字或者图片,等等。

公证机构是依法设立，不以营利为目的，依法独立行使公证职能、承担民事责任的证明机构。真实性、合法性是公证活动所应遵循的基本原则，公证机构办理公证事项，必须由依法取得资质的公证员，按照法定的程序和规定，对公证事项进行审查和进行公证工作。如果因为公证机构的过错，对不真实、不合法的法律行为、不具法律意义的文书或事实予以公证，给当事人、公证事项的利害关系人造成了损失，就会产生公证过错的损害赔偿问题。彼时，将由公证机构根据过错程度和造成损害的大小而承担相应赔偿责任，这就是公证过错的损害赔偿。

二、公证的一般程序和基本规定

公证机构受理申请人的审理，首先应当要求申请人填写公证申请表，申请表应当载明申请人及其代理人的基本情况；申请公证的事项及公证书的用途；申请公证的文书的名称；提交证明材料的名称、份数及有关证人的姓名、住址、联系方式；申请的日期和其他需要说明的情况。申请人应当在申请表上签名或者盖章，不能签名、盖章的由本人按指印。

申请人还应当提交以下材料：（1）自然人的身份证明，法人的资格证明及其法定代表人的身份证明，其他组织的资格证明及其负责人的身份证明；（2）委托他人代为申请的，代理人须提交当事人的授权委托书，法定代理人或者其他代理人须提交有代理权的证明；（3）申请公证的文书；（4）申请公证的事项的证明材料，涉及财产关系的须提交有关财产权利证明；（5）与申请公证的事项有关的其他材料。

公证机构受理公证申请之后，应当根据不同公证事项的办证规则，审查相关资料文件及公证事项的真实性与合法性。为保证公证行为的真实性、合法性，公证机构对于申请公证的事项以及当事人提供的证明材料，按照有关办证规则需要核实或者对其有疑义的，应当进行核实。

当事人提供的证明材料不充分、不完备或者有疑义的，公证机构可以要求当事人作出说明或者补充证明材料。当事人提供的证明材料不充分又无法补充，或者拒绝补充证明材料的；或者当事人虚构、隐瞒事实，或者提供虚假证明材料的，公证机构应当不予办理公证。

三、公证损害赔偿的法律依据

《公证法》第四十三条规定，公证机构及其公证员因过错给当事人、公证事项的利害关系人造成损失的，由公证机构承担相应的赔偿责任；公证机构赔偿后，可以向有故意或者重大过失的公证员追偿。当事人、公证事项的利害关系人与公证机构因赔偿发生争议的，可以向人民法院提起民事诉讼。

公证损害赔偿的请求人，是当事人及公证事项的利害关系人。不仅包括申请公证的当事人，还应包括因基于对公证书的信赖行事却导致利益受损的与公证申请人发生法律关系的相对人。

四、律师解析公证损害赔偿

公证的作用，就在于由具有公信力和法定资质的公证机构，对于民事法律行为、有法律意义的事实和文书的真实性，做出合法性、真实性的证明。

国家对于公证机构的设立，公证员资质的核准、公证规则、公证事项的申请审查程序等有着严格的规定，以确保公证事项具有真实性和合法性。公证员对于当事人提交的公证申请书及其相关证明、文件等，应当具有审慎审查的义务。对于不合法的公证事项不予受理；对于相关证据材料不完整、不充分的，应当要求补正；对于存疑的证据和事实，应当进行核实。对于不能补充充分证据材料或者不能核实的事实，公证机构不应当办理公证。如果公证机构在办理公证事项时，存在违反法律法规的规定和违反公证规则的所确定的审查义务等过错，作出了违法或者不真实的公证文书，公证机构就必须承担公证过错损害赔偿的责任。

需要注意的是，虽然公证机构因过错给当事人或者公证事项的利害关系人造成损失的，应当承担相应赔偿责任。但如果公证机构做出的公证事项与当事人受损的结果没有因果关系，或者公证机构经法定程序合理审慎审查之后，因为当事人提供的资料文书不真实，而影响了公证的真实性，则公证机构不承担赔偿责任。

结合报道中的案例，假如公证机构没有严格审查申请人提交的材料，没有核实"中国黄金工艺协会"是否真实存在，也没有核实其他公证事项的真实性，就出具了公证书，作出了内容虚假的公证文书，那么公证机构应当承担相应过错责任，赔偿当事人相应损失。但假如公证机构严格审查了申请人提交的相关材料，并仅就对经过核实的合法的公证事项作出了内容真实的公证，则公证机构不存在过错，利害关系人可能只有找虚假广告的发布者和广告的经营单位，主张赔偿责任了。

五、律师提示和建议

公众对于公证应当树立正确的认识,并防范公证风险。首先,法律对于公证程序和规则等均有相应的规定,但个别公证机构或者公证员在办理公证事务时,由于个人素质、管理不严格或者相关规定规则还不完善等原因,违反公证规则和操作程序做出错误公证的情况还不能完全避免。其次,个别公证申请人,为了达到其非法目的,出具虚假文件、材料,欺骗公证机构的情况也时有发生,如孪生姐妹的妹妹拿着姐姐的身份证,去公证机构做委托买房的公证;最后,利害关系人应当认真阅读公证文书所载明的公证事项和具体内容,不能一听说到有公证书,就认为什么都是真实、合法的,而忽略了公证事项所特定的范围。

从另一个方面讲,错误的公证文书,如果及时采取补救或者依法撤销,是可以减少损失的。建议当事人或者公证利害关系人在知道公证书有错误后,及时向公证机构提出复查,以便公证机构根据情况作出更改或者撤销公证书等处理,减轻或者降低公证错误而可能造成的损失。否则,当事人或者公证利害关系人可能也会因为过错,而承担相应的损失。另外,公证机构所在地的公证协会和司法部门是公证机构的监督和指导部门,如果公证机构拒不改正错误,当事人或者利害关系人,也可以向有关部门进行举报和投诉,维护其合法权益。

消费者挑刺包间费　起诉讨要80元

昨天上午9时,消费者刘云雷诉北京麻辣诱惑酒楼有限公司大钟寺店讨要80元包间费案在海淀法院公开审理。记者了解到,这是本市首例消费者讨要"包间费"的案件。

刘云雷诉称,今年1月15日,他与朋友到北京麻辣诱惑酒楼有限公司大钟寺店就餐。结账时,因其餐费未达到包间"最低消费"600元,而被告知需额外收取大包间使用费80元。刘云雷对包间费的收取以及收取标准的合法性提出了质疑,他认为消费者使用包间的费用已经作为经营成本的一部分被经营者计入菜肴的价格之内,因此经营者再向消费者收取包间费的行为,就属于向消费者转嫁经营成本和附随义务。

而被告代理人表示,餐厅并不是必须要设置包间,包间的设置是为客人提供更为私密的空间,以及更为周到的专人服务。既然客人选择了包间消费,就应支付相应费用。"就跟菜价一样,属于酒楼自主定价范围。"昨天,餐厅工作人员称,包间收费在店内是有告示牌的。

北京市饮食行业协会秘书长何先生告诉记者:"根据相关规定,包括菜价以及包间费等服务项目收费在内,餐饮业有权进行自主制定。但一定要明码标价,提前告知,而最低消费是明令禁止的。"

姜晶晶/文

(据2008年6月30日《北京晨报》)

>> 律师解读:

消费者知情权是接受的服务的真实情况的权利

北京市赵晓鲁律师事务所刘强律师认为:

根据该新闻报道案例显示的信息，诉争案件可能涉及是否侵犯知情权，收取包间费是否合理、合法等问题，现仅就是否侵犯知情权问题进行分析。

消费者知情权是指消费者享有知悉其购买、使用的商品或者接受的服务的真实情况的权利。我国《消费者权益保护法》规定，消费者享有知悉其购买、使用的商品或者接受的服务的真实情况的权利。消费者有权根据商品或者服务的不同情况，要求经营者提供商品的价格、产地、生产者、用途、性能、规格、等级、主要成分、生产日期、有效期限、检验合格证明、使用方法说明书、售后服务，或者服务的内容、规格、费用等有关情况。消费者享有自主选择商品或者服务的权利。消费者有权自主选择提供商品或者服务的经营者，自主选择商品品种或者服务方式，自主决定购买或者不购买任何一种商品、接受或者不接受任何一项服务。消费者在自主选择商品或者服务时，有权进行比较、鉴别和挑选。

本案中，如麻辣诱惑酒楼未将应交纳包间使用费的信息如实告知刘云雷，侵犯了其知情权；进而使其丧失了对服务提供者进行比较、鉴别和挑选的权利，可能会被判定返还包间使用费80元。

>> 律师提示

新《消费者权益保护法》已于2014年3月15日起实施。新《消法》对消费者的知情权、对消费者个人信息的保护、对经营者采用网络、电视、电话、邮购等方式销售商品时，赋予消费者七日反悔权、对缺陷产品的召回、对经营者不得利用格式条款强制交易、对网络等非现场购物信息披露制度、对耐用消费品实行举证责任倒置、对欺诈行为的惩罚性赔偿等方面做了明确的规定。消费者在日常消费活动中可利用上述的相关规定来保护自己的合法权益。消费者在与经营者发生消费者权益争议时，消费者可以通过下列途径解决：可以与经营者协商和解；可以请求消费者协会或者依法成立的其他调解组织调解；可以向有关行政部门投诉；可以根据与经营者达成的仲裁协议提请仲裁机构仲裁；可以向人民法院提起诉讼。

小区隔离墩铁链绊倒老教授　不治身亡家属索赔500万
物鉴泰斗家属提交41份证据

中国物证技术学奠基人徐立根教授在世纪城小区摔倒，不治身亡。于是，他的家人将小区物业公司和开发商告到法院，索赔500万元。昨天清早，徐老的老伴肖老师和儿子在陈岳琴律师的陪同下赶到市一中院，在法官主持下，与两被告进行证据交换，徐老的家人向法院提交了41份证据。

庭前：徐老爱人亲自出庭

昨天8时30分，年过八旬的肖老师提早赶到市一中院大门外，她头发花白，戴着一副眼镜，见到记者，她笑了笑说"你好啊"。不一会儿，陈律师扶着肖老师缓缓走进市一中院。很快，徐老的儿子也跟了过来。

提起事发的情景，肖老师回忆说，1月24日晚上8点多钟，徐教授和她买完东西，刚走进世纪城小区通道就被隔离墩上的铁链绊倒。"我当时就听见'咚'的一声，老徐摔得很重，那儿没有灯和提醒标志。"

回家不久，徐老就出现了呕吐和头晕的症状。当晚11时许，家里人叫来救护车，可是途中徐教授已经出现危险，不久，徐教授便与世长辞了。"医生检查时说，徐老师的心脏很好，死亡原因为摔伤！"肖老师说。

为了讨个说法，徐老的家人将小区物业公司和开发商告到法院，索赔500万元，其中包括精神抚慰金200万元。

庭后：原告提交41份证据

大约过了两个小时，记者见到两被告代理人先行走出法庭。记者上前发问："你们会考虑与原告和解吗？""我们现在什么都没法说。"被告物业公司的代理人朝记者摆了摆手。"那要看原告的态度了，我们认为原告提出的索赔额太高了。"被告开发商的代理人说。

不久，徐老的家人和陈律师等人才走出法庭。"我们提交了41份证据，包括徐老的死亡证明书、抢救病历记录、与物业公司会谈录音等材料，所以时间比较长。"陈律师对记者说。

据陈律师介绍，原、被告争议焦点是小区中设置铁链导致徐老师摔倒死亡是否构成侵权，被告物业公司和开发商均予以否认，他们认为小区设置铁链是为了保护行人安全，可是，铁链的设置并不合适，行人很容易被绊倒。

武新/文

（据2008年5月23日《北京晨报》）

>> 律师解读：

不能确定具体侵权人的，行为人承担连带责任

北京市赵晓鲁律师事务所刘强律师认为：

侵权行为是民事主体违反民事义务，侵害他人合法权益，依法应当承担民事责任的行为。行为人因过错侵害他人民事权益，应当承担侵权责任。根据法律规定推定行为人有过错，行为人不能证明自己没有过错的，应当承担侵权责任。二人以上实施危及他人人身、财产安全的行为，其中一人或者数人的行为造成他人损害，能够确定具体侵权人的，由侵权人承担责任；不能确定具体侵权人的，行为人承担连带责任。

承担侵权责任的方式主要有：（一）停止侵害；（二）排除妨碍；（三）消除危险；（四）返还财产；（五）恢复原状；（六）赔偿损失；（七）赔礼道歉；（八）消除影响、恢复名誉。以上承担侵权责任的方式，可以单独适用，也可以合并适用。侵害他人造成人身损害的，应当赔偿医疗费、护理费、交通费等为治疗和康复支出的合理费用，以及因误工减少的收入。造成残疾的，还应当赔偿残疾生活辅助具费和残疾赔偿金。造成死亡的，还应当赔偿丧葬费和死亡赔偿金。侵害他人人身权益，造成他人严重精神损害的，被侵权人可以请求精神损害赔偿。

受害人和行为人对损害的发生都没有过错的，可以根据实际情况，由双方分担损失。被侵权人对损害的发生也有过错的，可以减轻侵权人的责任。本案中，小区道路上的隔离墩铁链，在夜间极有可能绊倒路人，对此物业公司应设置明显警示标志，道路两侧路灯也应处于正常使用状态。如果物业公司未履行前述义务，致使业主人身、财产安全受到损害的，应承担相应赔偿责任。受害人对于损害的发生也有过错的，可以减轻侵害人的民事责任。

小偷被打死　妻子讨赔偿

盗窃钢筋被看守打死　妻子无力撑家索赔34万

43岁的陈刚（化名）在潜入房山区阎村镇绿城百合小区浙江一建工地盗窃钢筋时，被张某等6名负责保卫的人员抓获。张某等人使用钢筋棍、钢管殴打陈刚致死。陈刚的妻子在丈夫死后独自抚养几个孩子，生活举步维艰。昨天，记者获悉，市一中院对张某等6人判处刑罚后，陈刚的妻子携子女把6名肇事者诉至房山法院，索赔34万余元。

事发回放
行窃不成被打死

2008年2月22日1时许，陈刚等人潜入绿城百合小区浙江一建工地内欲将墙外的钢筋运走，负责工地保卫工作的张某、李某等6人展开围追行动。陈刚爬上墙，结果被李某拽住一条腿而无法逃脱。张某等6人合力将陈刚抓获。

此后，张某等人分别使用钢筋棍、钢管对陈刚进行殴打。当天1时30分，绿城百合工地负责人向公安机关报警。陈刚被民警带走进行讯问突然发生昏迷，后被送往医院抢救。据了解，讯问过程中，民警一连串问出"你叫什么名字""你的出生日期""你的家庭成员""你是哪儿的人"等问题，陈刚均没有回答。当民警问他的左手为什么会有血时，陈刚才说"被工地的工人打的"。民警问："你去绿城工地干什么了？"陈刚沉默不语。当天3时40分，陈刚经抢救无效死亡。

小偷反抗激怒保安

对于案发的过程，被告人张某交代说，案发前一天晚上，他发现有几人到工地盗窃钢筋，其中一个人从工地墙里面向墙上的人递钢筋，他追过去，但小偷们跑了。由于认为小偷还会回来取没来得及运走的钢筋，张某等6人商量分组加强值班，一定要逮住盗钢筋的小偷。

案发时，他们发现几名小偷还在盗窃钢筋，其中有一个人站在墙内向墙上爬，其余两个人已经翻上墙准备逃跑了。张某等6人抓住了墙内的陈刚。在接下来殴打陈刚过程中，张某原本用来防身的铁管变成了伤人的工具。关于为什么殴打陈刚的问题，被告人张某解释说"我们抓他的时候他反抗了"。被告人李某称："因为他们偷钢筋还打我们，我的肩膀挨了一砖头。"

窃贼遗孀
两天后才见丈夫遗体

陈刚之妻携子女对张某等6人提起民事诉讼。房山法院已受理此案。陈刚的妻子委托代理人朱律师处理此案。朱律师告诉记者，陈刚的妻子是四川农村妇女，事发两天后，她才见到了丈夫的尸体，陈刚是家里的顶梁柱，他死后，其妻独自抚养几个孩子，由于没有固定生活来源，生活十分困难。

朱律师从陈刚的妻子处了解到，陈刚来京后，一直跟着老乡在房山各处建筑工地打零工，主要做些拉砖的工作，案发当天，陈刚接到老乡通知前往拉砖的，在拉砖时有时会顺手拿些废弃的钢筋。

陈刚的妻子和子女要求张某等6人给付死亡赔偿金、丧葬费、被抚养人生活费、精神损失费等各项损失共计34万余元。

武新/文
（据2009年2月18日《北京晨报》）

>> 律师解读：

嫌犯人身权利，也受法律保护

北京赵晓鲁律师事务所屈炜律师认为：

即使是犯罪嫌疑人，其人身权利也受法律保护，不得对其任意侵害。否则侵害人有可能构成故意杀人罪、故意伤害罪、刑讯逼供罪等。群众或被害人发现或

"抓住"正在实施犯罪的人，由公安部门依法进行处理，动用"私刑"是违法的。如果不法行为人还没有开始或者已经停止了侵害行为，以及正当防卫明显超过了必要的限度，造成重大损害的，则属于"事前防卫""事后防卫"或"防卫过当"，应当负刑事责任。另外，还有一种特殊防卫，即对于正在进行的行凶、杀人、抢劫、强奸、绑架等危及人身安全的犯罪进行防卫，造成不法侵害人伤亡的属于正当防卫，不负刑事责任。对于盗窃、诈骗等不涉及人身安全的非暴力犯罪，不适用特殊防卫，如果犯罪嫌疑人在被发现或被控制的情况下，已经停止了侵害行为（不管是主动还是被迫），就不得再采取"防卫"行动了。

被害人由于被告人的犯罪行为而遭受物质损失的，在刑事诉讼过程中，有权提起附带民事诉讼。被害人死亡或者丧失行为能力的，被害人的法定代理人、近亲属有权提起附带民事诉讼，也可以另行提起民事纠纷。

烟花点燃新房　损失无人理赔
找不到烟花燃放人　30万损失无处讨要

一对情侣将新房装修完毕，就等着五一办婚礼了。不料，一场大火把新房付之一炬，新买的液晶彩电、羽绒沙发等全部化为灰烬。原来，是春节期间燃放的烟花爆竹引发了这场"悲剧"。昨天，房主宁先生告诉记者，由于找不到放烟花的人，他至今索赔无门。

春节外出探亲　新房变成灰烬

昨天，记者赶到宁先生位于三环新城的新房，看见工人正在粉刷客厅的墙壁，而卧室的门上还留着着过火的黑色痕迹，红色的木地板也被大火熏成了黑色。"在火灾中，这间卧室是损失最小的地方。"宁先生说。

回忆起事发的情形，宁先生用了"恐怖"一词来形容。大年初二，宁先生正在外地探亲，突然接到邻居发来的一条短信："你赶紧回来，家里发生火灾，东西几乎都没了。"不知所措的宁先生急忙返回北京。一路上，他不停地琢磨着是什么原因引发了火灾。

"家里的景象就像恐怖片。"宁先生说，当时防盗门是开着的，他走进屋里，看到厨房、卧室、客厅、卫生间的墙上几乎是一片漆黑，地面上堆了厚厚的一层黑灰，他和女友新买的液晶彩电、羽绒沙发、窗帘等家电用品全部化为灰烬……

最令他心烦的是，他的笔记本电脑在火灾中损坏了，里面存有他的项目计划文书。"这些文书不可复制，价值没办法用钱去估量的。"宁先生说，这严重影响了他的工作。不仅如此，宁先生与女友的婚礼也因此不得不延后。

烟花引发火灾　苦于索赔无门

住在宁先生家隔壁的邻居至今对这场大火仍心有余悸。她告诉记者，除夕当晚12时多,她和家人打算下楼燃放烟花爆竹,刚一打开屋门,滚滚的黑烟就窜了进来,熏得她和家人睁不开眼睛,没办法,一家人只能退回屋内,关紧了屋门。随后,她赶忙拨打了119。

过了一会儿,消防队员赶来扑灭大火。

"这场火灾使我损失了30余万元。"宁先生说,他从消防部门了解到,这场火灾是由燃放烟花爆竹引发的,火灾从他家的空调间燃起,然后蔓延到整个屋内。

事发后,宁先生曾经找到小区物业协商处理此事。但是,双方没有达成一致。"物业疏于管理,却说自己没有责任,不肯赔偿。"宁先生说,除夕当夜在小区内燃放烟花爆竹的人是不特定的,他根本就无法找到"肇事者"。现在,他和女友苦于索赔无门。

事后如何处理　物业不作表态

记者就此事与该小区物业公司取得联系,客服部的主管闫先生说,他知道宁先生新房发生火灾一事,但是,不方便向记者说明有关细节。记者追问:"物业方面对火灾应该承担什么责任?你们打算怎么处理此事?""我没法回答这些问题,你留下联系方式吧。"记者只得留下了联系电话,但是截止到记者发稿时,对方仍然没有做出回复。

武新/文

(据2008年4月25日《北京晨报》)

>> 律师解读:

物业若有过错　可以向其索赔

北京市赵晓鲁律师事务所马建洪律师认为:

确定一般侵权赔偿责任,首先应当确定侵权责任人,即因其行为给受害人造成损害的人,其次,该行为应有过错和违法性。

如果房屋因他人燃放烟花爆竹造成损害,燃放烟花爆竹的人是侵权责任人。

小区物业公司是否应承担赔偿责任，应视物业公司对火灾的产生及损失扩大是否有过错来决定。如果燃放发生在本小区以外，或者物业公司在本小区内对燃放烟花爆竹做出适当的安全警示等行为，尽到安保义务的，物业公司对火灾发生没有过错，不应承担赔偿责任。如果物业公司在得知起火后没有及时报警，或者因物业公司原因延误消防队扑救工作的，物业公司应当对火灾进一步扩大造成的损失，承担相应赔偿责任。

笔者建议，广大业主可以通过购买一份财产险来减少自己的损失，合理规避此类风险。

一市民查档案遭拒状告房管局
法院受理首起信息公开案

因东城区房屋管理局拒绝自己查询房产档案,68岁的市民金女士一怒之下将其告上了法庭。昨天,记者从东城法院了解到,该院已受理此案。同时,这也是本市法院受理的首起当事人依据《政府信息公开条例》起诉行政机关的案件。

金女士诉称,她的父亲曾在北京市东城区灯草胡同有房屋50余间,在东四北大街有房屋3间,1951年房屋管理局曾进行了确权。1952年,她家曾将位于灯草胡同的前院租给了中华书局,1958年后院又被街道工厂占用,"文革"期间,一家人彻底搬离此院。"1983年落实政策后,我一直想要回这些房产。"金女士说,但房管局的工作人员告诉她,按照当时的政策,这些房屋系经租房,产权已经发生了变更,她作为个人也无权查阅房产档案。去年10月《物权法》实施后,金女士再次到房屋管理局申请要求查询房产档案,但仍被拒绝。后她也曾想通过行政复议和法院渠道解决此事,但当时都未受理。

今年5月12日,《政府信息公开条例》实施后,金女士向东城区房屋管理局提出申请,要求依法查阅并复制上述房屋的产权登记档案。5月19日,房屋管理局依据相关规定,告知金女士,她申请获取的信息不予公开。金女士遂将房屋管理局诉上东城法院。金女士要求法院判决东城区房管局撤销"不予公开"的决定,并要求履行信息公开的相关义务,协助其查询房屋档案。记者了解到,法院已受理此案,而东城区房管局尚未出具对案件的任何意见。

姜晶晶/文

(据2008年6月20日《北京晨报》)

>> 律师解读：

行政机关不依法履行政府信息公开义务的，可以向上级行政机关、监察机关或者政府信息公开工作主管部门举报

北京市赵晓鲁律师事务所刘强律师认为：

政府信息，是指行政机关在履行职责过程中制作或者获取的，以一定形式记录、保存的信息。我国《政府信息公开条例》规定，公民、法人或者其他组织根据自身生产、生活、科研等特殊需要，可以向行政机关申请获取政府信息的，应当采用书面形式（包括数据电文形式）；采用书面形式确有困难的，申请人可以口头提出，由受理该申请的行政机关代为填写政府信息公开申请。政府信息公开申请应当包括下列内容：（一）申请人的姓名或者名称、联系方式；（二）申请公开的政府信息的内容描述；（三）申请公开的政府信息的形式要求。

对申请公开的政府信息，行政机关根据下列情况分别作出答复：（一）属于公开范围的，应当告知申请人获取该政府信息的方式和途径；（二）属于不予公开范围的，应当告知申请人并说明理由；（三）依法不属于本行政机关公开或者该政府信息不存在的，应当告知申请人，对能够确定该政府信息的公开机关的，应当告知申请人该行政机关的名称、联系方式；（四）申请内容不明确的，应当告知申请人作出更改、补充。行政机关收到政府信息公开申请，能够当场答复的，应当当场予以答复。行政机关不能当场答复的，应当自收到申请之日起15个工作日内予以答复；如需延长答复期限的，应当经政府信息公开工作机构负责人同意，并告知申请人，延长答复的期限最长不得超过15个工作日。申请公开的政府信息涉及第三方权益的，行政机关征求第三方意见所需时间不计算期限内。

申请人认为行政机关不依法履行政府信息公开义务的，可以向上级行政机关、监察机关或者政府信息公开工作主管部门举报，也可以依法申请行政复议或者提起行政诉讼。在行政复议和行政诉讼中，作出具体行政行为的政府部门，应对其行为的合法性和适当性负举证责任。

一张空购物卡瞒过老相识
倒卡黄牛骗走同行5万元

滕光伟和钱某都是商场门前倒卖购物卡的"黄牛",由于不在同一商场活动,他们之间也存在着交易,也因此成为老相识。可就在一次交易中,滕光伟以作废的购物卡骗取钱某近5万元,然后逃跑。昨天,东城区法院开庭审理了此案。

2008年9月9日,滕光伟称其手上有张5万余元的王府井百货购物卡可转卖,见面后两人迅速达成交易,滕光伟以9.5折的价格将购物卡转卖给钱某,基于信任及安全考虑,双方并未当场验卡。钱某将身上所带30070元现金交付滕光伟,剩余17700元以转账的方式汇入滕光伟账户。滕光伟离开后,钱某前往商场验卡,发现卡内余额为零,就立刻联系滕光伟。滕光伟在电话中反复强调不可能是空卡后与钱某断绝联系,后钱某报警。2008年10月18日,逃到大连的滕光伟被当地民警抓获。

昨天,在法庭上,面对公诉机关播放的当日交易现场监控录像,滕光伟对诈骗钱某的事实认罪,但对诈骗金额存在异议。他说,自己只收了钱某1.7万余元,而另外的3万元现金,他因为怕是假钱又于当日交还给了对方,但他并无证据证明。

庭审后,公诉人员说,钱某虽然也是"黄牛",且其倒卖购物卡的行为也应受到治安处罚,但在本案中,还是只把钱某当作受害人。检察机关建议,法院对滕光伟判处2至3年有期徒刑。法院将择日对本案进行宣判。

案外揭秘

倒卖商场购物卡月入万元

今年47岁的滕光伟,老家在吉林省吉林市,他于2年前开始专职做双安商场门前的"黄牛"。"我们主要就是倒卖商场的购物卡。"滕光伟承认,自己从中获得了不少好处,"我们每个月的收入少则5000元,多则1万多元。"

他说,卖卡给他们的有单位,也有个人。"很多卡都是单位作为福利发给员工的,所以我们以九折左右的价格买卡,他们大多都会愿意。"另一位在本案中作为证人提供证词的"黄牛"冯某说,"黄牛"不会傻到顾客说卡里有多少钱,他们就会相信。"一般收卡时都会验卡,如果是陌生人,都是先验卡再给钱;如果是熟人,则是先给钱再验卡。"据称,验卡的地点主要是在商场的客服中心,在那里可以查询购物卡内的余额。

滕光伟说,在北京各大商场门前,都有"黄牛"存在,各商场门前的"黄牛"之间也互有联系。"因为我们收卡时,有时也会收到其他商场的购物卡,这时就会把卡倒卖给购物卡所在商场的'黄牛',然后赚取差价。"他说,"黄牛"之间的交易还有个规矩,那就是卖卡的"黄牛"须将自己的名字写在卡的背面,"有时一张卡会倒手几次,上面也会出现3个人以上的名字。"

商场"黄牛"的利益点,除了将购物卡倒卖给其他同行外,主要是"替顾客消费"。滕光伟称,他们会在商场的收银台附近,寻找购买了商品并准备付钱的顾客,然后说服他们替其消费,"比如顾客要买100块钱的东西,我们就让对方给我95块钱现金,让他看到有便宜可占,然后我再替他刷卡,以此赚取差价。"

白明辉/文

(据2009年5月14日《北京晨报》)

>> 律师解读:

"黄牛"行为违法,情节严重的,还可能涉嫌构成犯罪

北京市赵晓鲁律师事务所刘强律师认为:

根据该新闻报道案例显示的信息,诉争案件可能涉及诈骗、倒卖有价票证等问题,现仅就倒卖有价票证问题进行分析。

倒卖通常是指以营利为目的、破坏市场秩序的非法转让行为。我国《治安管理处罚法》规定,倒卖车票、船票、航空客票、文艺演出票、体育比赛入场券或

者其他有价票证、凭证的，处10日以上15日以下拘留，可以并处1000元以下罚款；情节较轻的，处5日以上10日以下拘留，可以并处500元以下罚款。这里所说的"其他有价票证、凭证"，通常是指类似于车票、船票、航空客票、文艺演出票、体育比赛入场券的，代表一定数额现金的证明票据，如商场的购物卡等。本案中，滕光伟、钱某倒卖购物卡的"黄牛"行为，涉嫌违反我国《治安管理处罚法》关于倒卖有价票证的规定。

>> 律师提示

"黄牛"是一种违法行为，违反了我国《治安管理处罚法》的规定，会受到行政处罚，如果倒卖车票、船票、情节严重的，还可能涉嫌构成犯罪。

一株"傲霜"结出两个培育人
花农告教授偷牡丹

在得知北京林业大学从国家林业局取得牡丹"傲霜"的植物新品种权后，山东省菏泽市赵楼村农民赵弟轩将该校及学校教授成仿云告到法院，与他们争起了"傲霜"培育人的"名分"。昨天，市一中院开庭审理此案。

花农：新品种被他人抢注

昨天，花农赵弟轩从菏泽市赶到北京参加庭审，而被告成仿云也亲自到庭应诉。

"在菏泽当地牡丹新品种是很容易受损或被盗的，我把'傲霜'移来北京栽种，就是为了保护和发展这个新品种。"赵弟轩告诉记者，他没有想到，自己最先发现培育的"傲霜"竟然被他人抢注为植物新品种。他失去了对"傲霜"的植物新品种权，就意味着他失去了对"傲霜"的所有权。为此，他才打起了这场官司。

赵弟轩说，他在1996年培育出牡丹新品种并定名为"秋牡丹"，2002年4月通过中国花卉协会牡丹芍药分会品种审定委员会审定，冠名为"傲霜"。2002年11月，赵弟轩与成仿云等人出资成立北京世纪牡丹园艺科技开发公司（以下简称世纪公司）。2003年，赵弟轩将包括"傲霜"在内的牡丹种苗由山东菏泽移至世纪公司位于昌平区的一处基地。

赵弟轩认为，就在迁移过程中，成仿云指派学生王某偷偷挖走"傲霜"种苗13株。

2008年4月，赵弟轩得知林大取得了国家林业局颁发的有关牡丹"傲霜"的《植物新品种权证书》，"傲霜"培育人为成仿云和赵弟轩。

教授：此"傲霜"不是彼"傲霜"

"原告所称的新品种'傲霜'与林大获得的牡丹植物新品种权'傲霜'的植物新品种在概念上具有本质的不同。"成仿云如是说。

"种苗是世纪公司的合法财产，我在世纪公司对种苗进行培育开发的研究工作，根本不存在偷种苗的事。"成仿云认为，一种植物要成为一个植物新品种，需要满足一定的条件，具有新颖性、特异性、一致性和稳定性等。赵弟轩发现了这个苗株，而在随后的3年时间里，只是把它栽在苗圃里长着，除了观察没有做其他的工作。为了证明自己的观点，成仿云列举了自己为开发植物新品种所做的工作，如确认"傲霜"的属种，使它在北京异地栽种实现二次开花等。据了解，法院将择日宣判。

武新/文

（据2008年11月12日《北京晨报》）

>> 律师解读：

只有被批准授予品种权，育种者的合法权益才可以得到保护

北京市赵晓鲁律师事务所刘强律师认为：

植物新品种，是指经过人工培育的或者对发现的野生植物加以开发，具备新颖性、特异性、一致性和稳定性并有适当命名的植物品种。

我国《植物新品种保护条例》规定，植物新品种权是知识产权的一种。经审查授予植物新品种权的，自授权之日起，藤本植物、林木、果树和观赏树木保护期为20年，其他植物为15年。完成育种的单位或者个人对其授权品种，享有排他的独占权。任何单位或者个人未经品种权所有人许可，不得为商业目的生产或者销售该授权品种的繁殖材料，不得为商业目的将该授权品种的繁殖材料重复使用于生产另一品种的繁殖材料；但是，本条例另有规定的除外。

因此，本案的关键在于确定完成"傲霜"植物新品种的育种者。如果原告提供的证据可以证明其是"傲霜"牡丹品种的发现者，并对该品种进行了繁育和观

察，初步确定了该品种具备二次开花的特性，并具备一定的稳定性。同时也得提供证据，证明其通过其繁育和观察已经确认该品种满足了授予品种权的全部条件。如果被告提供的证据可以证明，其对该品种在北京进行了为期3年的培育和观察，通过分析和对比，确认了该品种的谱系，确定了该品种具备特异性、一致性和稳定性，并在申请文件中对花卉、花型、特点进行了准确描述。则原、被告对于"傲霜"品种亦应享有相应的权利。

笔者认为，法院可能会以原告是"傲霜"牡丹新品种的发现者和早期培育者，对确认该品种的特性和稳定性作出了一定的贡献，来确认为该品种的培育者。但由于该品种后期培育和观察过程中，主要工作系由被告完成，对"傲霜"牡丹新品种的谱系确定、准确描述等亦作出了相应的贡献。故确认"傲霜"牡丹的植物新品种申请权、植物新品种权归原告和被告北京林业大学共有，确认原告和被告成仿云是"傲霜"牡丹的培育人。

>> 律师提示

育种者培育出新品种后，如需保护自己的合法权益，应当向国家林业局或农业部提出品种权申请；只有在国家林业局或农业部批准授予品种权后，育种者的合法权益才可以得到国家的保护。

因公骑马摔伤不算工伤？

劳动部门认为娱乐健身不属工伤范围，遭到宝马女职员起诉

在公司组织的非工作性质的活动中受伤是否应属工伤？昨天上午，朝阳法院就审理了一起此类案件——任职宝马公司的郎小姐起诉朝阳区劳动和社会保障局，原因是该局把她参加公司活动中骑马摔伤的事实认定为非工伤。

新闻事件：公司团队建设 骑马不慎摔伤

郎小姐是北京市外企人力资源服务有限公司外派到宝马（中国）汽车贸易有限公司（以下简称宝马公司）销售部的员工，双方签有劳动合同。据郎小姐回忆，2007年7月20日和21日，她根据宝马公司的工作安排，参加该公司和华晨宝马销售部共同举办的销售团队建设活动，活动地点位于通州区的月亮河度假村马术俱乐部。不料，她在该活动内容之一的马术训练中受伤。

"在骑马的过程中，马突然原地不停地跳跃，我就被摔了下来。"郎小姐说，她随后经北京军区263医院诊断为T11椎体压缩性骨折。2007年8月，外企人力资源服务有限公司以单位申请的形式，向朝阳区劳动和社会保障局申请工伤认定。该局认定郎小姐的此次受伤不属于工伤。在接受记者采访时，郎小姐称不能接受这种认定，"此次销售建设活动是公司销售部例行的一项工作安排，其目的是促进销售团队的团队精神。"她认为，自己作为公司的员工，服从公司安排，参加此次团队建设即为执行工作职责，这应属她工作的内容之一，完全属于《工伤保险条例》的相关工伤认定条件。

劳动部门：参加娱乐活动 受伤不属工伤

朝阳区劳动和社会保障局的工作人员承认，他们于去年9月3日受理了郎小姐

所在公司的工伤认定申请，随后作出了《非工伤认定结论通知书》。作出该认定的理由是：虽然宝马公司销售部安排的活动以"团队建设"为名，但是从其内容来看，主要是在娱乐健身场所进行激光射击、骑马和打高尔夫球等活动，这纯属娱乐健身和旅游的性质。

该工作人员补充说，市高级人民法院《关于审理工伤认定行政案件若干问题的意见》（试行）的规定：职工因工作原因在工作场所以外从事与职务活动有关的活动的时间应认定为"因工外出期间"，但不包括外出游览、娱乐、购物等非工作原因的时间。"这说明娱乐活动是不能认定为工作原因的，因此我局的非工伤认定结论事实清楚。"

白明辉／文

（据2008年3月27日《北京晨报》）

>> 律师解读：

申请工伤认定要注意时效问题

北京市赵晓鲁律师事务所刘强律师认为：

工伤是指劳动者在从事职业活动或者与职业活动有关的活动时所遭受的不良因素的伤害和职业病伤害。我国《工伤保险条例》规定职工有下列情形之一的，应当认定为工伤：（一）在工作时间和工作场所内，因工作原因受到事故伤害的；（二）工作时间前后在工作场所内，从事与工作有关的预备性或者收尾性工作受到事故伤害的；（三）在工作时间和工作场所内，因履行工作职责受到暴力等意外伤害的；（四）患职业病的；（五）因工外出期间，由于工作原因受到伤害或者发生事故下落不明的；（六）在上下班途中，受到非本人主要责任的交通事故或者城市轨道交通、客运轮渡、火车事故伤害的；（七）法律、行政法规规定应当认定为工伤的其他情形。

在工作时间、工作场所和因工作原因受到伤害是认定工伤的基本要素，但是实践中对"三工"情形的界定存在模糊的认识，其中对"工作原因"的认定，实践中争议较大。所谓"工作原因"并非仅指因自己的专职工作，"工作时间"并非仅指平常固定的上班时间。在用人单位组织或安排的与工作有关的活动中受到的事故伤害，也可以视为工作原因。本案中，郎小姐所受伤害，应判断其参加活动是否基于工作原因，不应仅从该活动的内容形式予以认定，而应从该项活动的目的、性质、是否为单位组织安排、费用承担等多方面因素进行审慎考量。如果郎小姐能够提供证据证明宝马（中国）所组织的团队建设活动是一项正常工作安排，因工外出期间因工作原因受伤，法院则可能会支持其诉讼请求。

>> 律师提示

申请工伤认定要注意保留相关证据。《工伤保险条例》明确规定，提出工伤认定申请应当提交下列材料：（一）工伤认定申请表；（二）与用人单位存在劳动关系（包括事实劳动关系）的证明材料。

申请工伤认定要注意时效问题。《工伤保险条例》明确规定，职工发生事故伤害或者按照职业病防治法规定被诊断、鉴定为职业病，所在单位应当自事故伤害发生之日或者被诊断、鉴定为职业病之日起30日内，向统筹地区社会保险行政部门提出工伤认定申请。遇有特殊情况，经报社会保险行政部门同意，申请时限可以适当延长。

用人单位未按前款规定提出工伤认定申请的，工伤职工或者其近亲属、工会组织在事故伤害发生之日或者被诊断、鉴定为职业病之日起1年内，可以直接向用人单位所在地统筹地区社会保险行政部门提出工伤认定申请。

最高人民法院司法解释明确职工在上下班途中工伤的四种情形。根据规定，职工在合理时间内往返于工作地与住所地、经常居住地、单位宿舍的合理路线的上下班途中；合理时间内往返于工作地与配偶、父母、子女居住地的合理路线的上下班途中；从事属于日常工作生活所需要的活动，且在合理时间和合理路线的上下班途中；在合理时间内其他合理路线的上下班途中。

最高人民法院司法解释明确职工因工外出期间的三种情形。根据规定，职工受用人单位指派或者因工作需要在工作场所以外从事与工作职责有关的活动期间；职工受用人单位指派外出学习或者开会期间；职工因工作需要的其他外出活动期间。

名家说名案 ①

责怪医院出生记录"无畸形"
父母拒领畸形女婴回家

赵先生夫妇将3个多月的畸形儿留置医院拒绝领回,为此,医院将赵先生夫妇诉至法院,要求他们领回孩子并支付相关费用。日前,海淀法院判决赵先生夫妇领回孩子,这对夫妇表示要上诉。

2007年12月,杜女士在466医院进行产前检查,2008年2月22日,杜女士在医院产下一名女婴,出生记录中明确记载"无畸形"。6月4日,因女婴出生时小头畸形并出现呛奶、不能进食的症状,赵先生夫妇将女婴送至医院。后经公安机关协调,医院同意女婴在妇产科寄养。

法院审理后认为,医院与赵先生夫妇之间不存在无因管理的法律关系,而经过护理,女婴已正常进食,故赵先生夫妇应将女婴接回自行抚养。因医院在同意寄养女婴时,双方对护理费用并无约定,故赵先生夫妇不具有向医院支付护理费的义务。法院驳回了医院要求赵先生夫妇给付护理费用的诉讼请求。

白明辉/文

(据2008年11月6日《北京晨报》)

>> 律师解读:

无因管理与合同的区别

北京市赵晓鲁律师事务所刘强律师认为:

无因管理,是指行为人没有法律规定或约定的义务,为避免他人利益受损,自愿管理他人事务或为他人提供服务的行为。无因管理有三个法律特征:无因管理是管理他人事务的行为;无因管理必须是为了他人的利益;管理人管理他人事务无法律上的义务。

在无因管理中，管理他人事务的人称管理人，被他人管理事务的人称本人。无因管理成立后，管理人不得向本人要求支付报酬，但有权要求本人承担下列费用：（一）因管理人管理事务所支出的必要费用及其利息；（二）管理人为本人负担的必要债务；（三）管理人因管理事务而遭受的损失。本案中，赵先生夫妇和466医院在公安机关主持下达成了协议，医院同意女婴在妇产科寄养。因双方有约定，故不存在无因管理的法律关系。在医院同意寄养女婴时，双方对护理费用并无约定，故赵先生夫妇不具有向医院支付护理费的义务。

≫ 律师提示

（一）无因管理与合同的区别。无因管理，是指没有法定的或约定的义务，为避免他人利益受损失，自愿管理他人事务或为他人提供服务的行为。合同，则是指平等主体的自然人、法人和其他组织之间设立、变更、终止民事权利义务关系的协议。分析二者的构成要件，可以得出无因管理与合同的区别在于：第一，前者既无法律根据也无合同依据，后者则是依据合同实施的行为。第二，前者在法律关系发生时事务的本人并不知道他人为自己管理事务；而后者中的法律关系之所以发生，完全是由事务本人依据合同的约定积极主动的行为引起的。

（二）无因管理中的合理管理。管理人的管理行为应符合本人的意思和利益，如果管理人明知或所推知本人的意思而违反其意思进行管理，且实际上也不利于本人的利益，则不但不构成无因管理，而且管理人还可能承担民事责任。

丈夫赴川认养熊猫遇地震罹难
家属与单位和解拿到42万补偿
地震遗孀领补偿不忍点钱

"明天是丈夫一周年的忌日。我会告诉他，我一定帮他照顾好父母和女儿，让他放心……"拿着补偿款，阎女士哽咽着说。2008年5月，阎女士的丈夫徐先生出差到四川时遭遇地震，不幸身亡。昨天上午，在朝阳法院的调解下，徐先生生前所在单位——北京阳光智典市场顾问有限公司同意给付家人补偿款42万余元，并当场支付了8万元现金。

庭上不忍清点8万现金

2008年5月12日，35岁的徐先生赴四川卧龙大熊猫自然保护区执行奥运大熊猫的认养活动。活动结束后，当车行驶到距离卧龙20多公里的耿达乡时，地震发生了。全车17人全部遇难。

事后，徐先生等人被劳动部门认定为工伤。因公司认为徐先生的父母分别享受基本养老金和退休教师的工资待遇，不应再享受抚恤金，于是向法院提起诉讼。在法官的主持下，双方达成调解协议。公司同意支付家属补偿款。昨天，公司代理人将现金递到徐妻手中，法官希望徐妻当场确认一下金额。徐妻不住地摇头，后失声痛哭起来。"这笔钱是用丈夫的生命换来的，我不忍心……"法官点了点头。

丈夫出行前有不祥预感

阎女士说，丈夫此次出行，她似乎就有一丝不祥的预感。"出差前一天上午，我们俩一起做饭。丈夫看着外面的阴天说，今年真是个灾年。我当时心里就咯噔一下。"5月4日晚上6点多，徐先生从公司出发，临走前还去妻子的单位告别，没想到竟然是最后一面。5月10日晚，两人通了最后一次电话。"他说给我和女儿买了礼物，我问他是什么？他说先保密，要给我们一个惊喜……"丈夫最后一句话让阎女士记忆犹新。

曾想自杀被女儿劝阻

"如果没有女儿的陪伴和安慰，我已经追随丈夫去了。"阎女士说，感觉丈夫再也不可能生还了，她想到带着女儿一起去找丈夫。她觉得，三口之家能在另一个世界团聚，也是一种幸福。"我买了安眠药，跟女儿说咱们一起去找爸爸吧。但女儿说，妈妈我不想死，爸爸一定会回来的。"阎女士说，她没有想到，不到9岁的女儿那么坚强懂事，在她痛苦不堪的时候，女儿总是安慰她说："爸爸一定会回来的。"丈夫死后，阎女士学会了抽烟和喝酒，最后是女儿帮她戒掉了烟酒。

"我一直不相信丈夫走了，每天总觉得他会推开门回家。我把他的手机号码转移到自己的手机上，这样拨过电话时就会有回应，似乎他还活着。"阎女士泪流满面地说。

"丈夫的遗体至今没有找到，但我们没有放弃。"阎女士说，她和其他家属正在等待爆破的申请批下来，找到遗体后，她要把丈夫的骨灰带回家。

颜斐/文

（据2009年5月12日《北京晨报》）

>> 律师解读：

工伤保险是由单位缴费的社会保险，不需要职工个人缴费

北京市赵晓鲁律师事务所刘强律师认为：

职工因工死亡，其近亲属按照下列规定从工伤保险基金领取丧葬补助金、供养亲属抚恤金和一次性工亡补助金：（一）丧葬补助金为6个月的统筹地区上年度职工月平均工资；（二）供养亲属抚恤金按照职工本人工资的一定比例发给由因工死亡职工生前提供主要生活来源、无劳动能力的亲属。标准为：配偶每月

40%,其他亲属每人每月30%,孤寡老人或者孤儿每人每月在上述标准的基础上增加10%。核定的各供养亲属的抚恤金之和不应高于因工死亡职工生前的工资;(三)一次性工亡补助金标准为上一年度全国城镇居民人均可支配收入的20倍。

如用人单位未按照规定依法给职工缴纳工伤保险发生工伤的,由该用人单位按照以上的工伤保险待遇项目和标准支付费用。本案中,阎女士的丈夫徐先生出差到四川时遭遇地震,不幸身亡。事后,徐先生被劳动部门认定为工伤。徐先生的近亲属可以按照以上的工伤保险待遇项目和标准领取费用。通过调解,徐先生生前所在单位北京阳光智典市场顾问有限公司同意给徐先生的近亲属补偿款42万余元。

>> 律师提示

工伤保险是社会保险的一种,同养老、医疗、失业、生育合称五大社会保险。工伤保险是由单位缴费的社会保险,不需要职工个人缴费。用人单位应当按时缴纳工伤保险费,用人单位缴纳工伤保险费的数额为本单位职工工资总额乘以单位缴费费率之积。如用人单位未按照规定依法给职工缴纳工伤保险发生工伤的,由该用人单位按照以上的工伤保险待遇项目和标准支付费用。

赵半狄称看《功夫熊猫》很受伤
"熊猫人"起诉梦工厂

"熊猫人"赵半狄以人格权受伤害为由将《功夫熊猫》出品方梦工厂推上被告席。

"我就不明白了,熊猫为什么是绿眼睛?熊猫的爸爸为什么是只鸭子?熊猫的一身中国功夫怎么学自美洲浣熊?梦工厂必须给我作出解释!"7月16日上午,"熊猫人"赵半狄以人格权受伤害为由,向朝阳区法院正式递交起诉状,将《功夫熊猫》的出品方梦工厂动画和全球发行方派拉蒙推上被告席,要求对方公开本片的创作会议记录并解释其创作意图,就以上3个关键问题作出正面回应并向他赔礼道歉。记者昨天从朝阳法院了解到,法院尚未作出立案的决定。

赵半狄在起诉状里说,5月12日汶川大地震中无数同胞遇难,如此背景下,一部以中国的国宝熊猫为主角的梦工厂的搞笑片居然在劫后余生的中国上映,这只好莱坞生产的丑怪熊猫,让他非常反胃和恶心。

"电影中大熊猫的形象与我国国宝大熊猫形象严重背离。例如,被告将大熊猫眼睛设计成绿颜色(在中华文化中绿色眼睛被视为邪恶),大熊猫的父亲是鸭子,师傅是浣熊等。"赵半狄指出,作为一名专门以大熊猫为艺术创作对象的艺术家,他将毕生的艺术创作激情和个人感情倾注于大熊猫之上。尤为重要的是,大熊猫作为中华民族文化的重要载体,具有很强的象征意义。有意地丑化熊猫,有意在熊猫故事中强加一些恶意的逻辑,是坚决不能容忍的。

赵半狄认为,由第一被告制作的《功夫熊猫》中,大熊猫的形象不仅遭到了严重的颠覆和丑化,该片情节与诸多中华文化元素严重背离,上述行为实质上是对中华民族整体形象的丑化和歪曲,极大地伤害了包括他在内的广大中国人民的人格和感情,破坏了中华文化在世界范围内的传播,制作方的制作目的值得质疑。

记者了解到,《功夫熊猫》以灵巧惊人的功夫,迟钝圆鼓的身材,耍宝搞笑的风格,再加上"能说话的动物,努力地实现着自己的梦想"这一主题,在国内上映后很受欢迎。但《功夫熊猫》在热映的同时也遭到了一些人的抵制，由赵半狄发起的反对派对于"美国人对中国文化进行基因改变手术"表现出强烈的不满。6月16日，赵半狄曾去广电总局抵制该片上映，后该片推迟了在四川的上映。

颜斐/文

（据2008年7月21日《北京晨报》）

>> 律师解读：

公民主张权利，必须与案件有直接的利害关系

北京市赵晓鲁律师事务所刘强律师认为：

人格权是指民事主体依法固有的，为维护自己的生存和尊严所必备的人身权利。在人格权中，根据权利客体不同可分为物质性人格权和精神性人格权。物质性人格权包括身体权、健康权、生命权；精神性人格权包括姓名权、肖像权、自由权、名誉权、隐私权等。

自然人因下列人格权利遭受非法侵害，向人民法院起诉请求赔偿精神损害的，人民法院应当依法予以受理：（一）生命权、健康权、身体权；（二）姓名权、肖像权、名誉权、荣誉权；（三）人格尊严权、人身自由权。违反社会公共利益、社会公德侵害他人隐私或者其他人格利益，受害人以侵权为由向人民法院起诉请求赔偿精神损害的，人民法院应当依法予以受理。因侵权致人精神损害，但未造成严重后果，受害人请求赔偿精神损害的，一般不予支持，人民法院可以根据情形判令侵权人停止侵害、恢复名誉、消除影响、赔礼道歉。因侵权致人精神损害，造成严重后果的，人民法院除判令侵权人承担停止侵害、恢复名誉、消除影响、赔礼道歉等民事责任外，可以根据受害人一方的请求判令其赔偿相应的精神损害抚慰金。

通过诉讼方式主张权利的，需要符合原告是与本案有直接利害关系的公民、法人和其他组织；有明确的被告；有具体的诉讼请求和事实、理由；属于人民法院受理民事诉讼的范围和受诉人民法院管辖。 本案中，赵半狄通过诉讼方式来主张权利的，必须与案件有直接的利害关系，因其与《功夫熊猫》的出品方梦工厂动画和全球发行方派拉蒙没有直接的利害关系，可能法院会不予立案。

智障女童状告出生医院

父母认为医院接生不当　医院称无过错

小萱（化名）已经7岁，可由于智力障碍，生活仍不能自理。小萱父母认为孩子的残疾与出生时"不顺利"有关，于是将孩子的出生医院诉至法院，要求赔偿医疗费、精神损害抚慰金等共计16万余元。昨天，海淀法院复兴路法庭开庭审理了此案。

昨天，小萱及其父母均未到庭，原告席只来了一名法律代理人。原被告双方都当庭提出进行医疗事故鉴定。法官表示，待鉴定结果出来后，将再次开庭审理。

昨天下午，记者与在辽宁鞍山的小萱父亲取得电话联系。他说，起初并不知道女儿的智力障碍等问题是跟当初的生产有关，直至2008年8月，他与爱人带孩子到北京看病时，才从北京某著名三甲医院的医生处得知了这一情况。2001年时，小萱的母亲突然临盆，于是被送到北京中西医结合医院待产，"由于已过预产期，催产素使用无效，我们就要求剖宫产，可医院无故拖延，直至3月31日晚，发现胎儿情况不好，才仓促进行剖宫产手术。"

2008年8月以后，小萱父母再次来到北京中西医结合医院复印了病历。"我们咨询了专业人士，发现是该医院的一系列过错导致损害后果。"

中西医结合医院的法律代理人表示，在本案中，医院并无过错，"小萱出生前后，医院所做的各项处置均符合相关医疗规范。"因此，医院不同意进行赔偿。

白明辉/文

（据2009年2月28日《北京晨报》）

>> 律师解读：

医疗纠纷诉讼 并不是一定要经过医疗事故鉴定

北京市赵晓鲁律师事务所刘强律师认为：

医疗损害赔偿纠纷包括医疗事故损害赔偿纠纷和一般医疗损害赔偿纠纷。医疗事故损害赔偿纠纷是指医疗机构及其医务人员在医疗活动中，违反法律、行政法规、部门规章和诊疗护理规范、常规，过失造成患者人身损害事故的损害赔偿纠纷。一般医疗损害赔偿纠纷指因医疗事故以外的原因引起的医疗损害赔偿纠纷。患者可针对具体情况提起相应赔偿诉讼。

我国《侵权责任法》规定，患者在诊疗活动中受到损害，医疗机构及其医务人员有过错的，由医疗机构承担赔偿责任。医务人员在诊疗活动中未尽到与当时的医疗水平相应的诊疗义务，造成患者损害的，医疗机构应当承担赔偿责任。有下列情形之一的，推定医疗机构有过错：（一）违反法律、行政法规、规章以及其他有关诊疗规范的规定；（二）隐匿或者拒绝提供与纠纷有关的病历资料；（三）伪造、篡改或者销毁病历资料。即医疗损害责任一般实行过错责任原则，特殊情形下适用过错推定原则和无过错原则。

>> 律师提示

医疗纠纷的诉讼时效期间为一年。诉讼时效期间从知道或者应当知道权利被侵害时起计算。

医疗纠纷诉讼并不是一定要经过医疗事故鉴定。我国法律并没有规定医疗纠纷诉讼一定要经过医疗事故鉴定，医疗事故鉴定并非医疗纠纷诉讼的前置程序。一般来说，患者只要有证据证明自己或已死亡的亲属接受过医疗机构的诊断、治疗，并因此受到损害，就可以直接向人民法院起诉要求损害赔偿，人民法院就应当立案受理。

医疗纠纷诉讼中的举证责任。患者应当提供证据证明其与医疗机构间存在医疗服务合同关系，接受过医疗机构的诊断、治疗，并因此受到损害。医疗机构应当提供证据证明其医疗行为与损害结果之间不存在因果关系，并证明其医疗行为不存在过错。如果医疗机构拿不出符合法定要求的证据，证明不了其医疗行为与损害结果之间不存在因果关系，也不存在医疗过错，人民法院就会依照法律的规定推定医疗机构的医疗行为存在过错，并推定其医疗行为与损害结果之间存在因果关系，则医疗机构可能就要承担败诉的风险。

醉汉被置店外遇车祸身亡

死者老母告洗浴中心未尽责

"如今剩下我们一老一小,剩下的日子怎么过啊!"昨天,一提起被撞死的儿子邓今强,张老太太就大放悲声。今年2月22日,邓今强在洗浴中心喝醉后被抬出大门,随后邓今强走到马路中间并躺下,被疾驶的轿车撞碎颅骨当场死亡。邓母以洗浴中心未尽义务为由,将其告上法院。

2009年2月22日晚11时许,邓今强到房山区满江情洗浴中心洗浴。在现场的监控录像中可以看到,洗浴中心的解老板与邓交谈多次后,邓起身到洗浴中心吧台处拿烟,后被3名员工劝走。由于醉酒,邓今强干脆坐到了洗浴中心的大厅中央,老板见状,派三名员工将其抬出中心,并在路边的电线杆下将其放下。而后老板与员工转身回到洗浴中心内,通过屋内窗户观察邓的一举一动。

解老板本以为此后便会相安无事,但不料几分钟后悲剧上演——邓今强被抬出后,走到马路旁,拿出放在衣兜里的酒瓶,继续饮酒,并开始向马路中间走去。很快,邓便躺在了路中间。几分钟后,一辆轿车从他的头部驶过,导致其当场死亡,而肇事车辆并未减速,继续行驶。由于肇事车速很快,现场没有人看到车牌号。目前,该肇事案件正在审理中。

邓今强生前为重度精神病患者,由71岁的母亲一直照顾,妻子早在几年前与其离婚,唯一的儿子今年刚读高二。昨天在法庭上,张老太太表示:"虽然原来我们一家是靠吃低保生活,但日子再苦也算是个完整的家啊!而如今孩子没有了爸爸,我们的日子还怎么过啊!"

原告:被告应尽到安全保障义务

原告邓母的代理人说:"当时邓进入洗浴中心后,解老板表示其为不受欢迎的人,并在得知他醉酒后仍将其抬出。这一行为直接导致了邓在以后的时间内被车撞死的后果。"随后原告代理人就"抬"一字特别做出强调,表示如果当时洗浴中心是将顾客请出或劝出门外,都可以认为其没有责任,但从监控录像看,死者是被抬出的,且将顾客抬到电线杆下,这足以说明老板并没尽到安全保障义务。原告邓母以洗浴中心未尽到安全保障义务为由,要求赔偿8万元人民币。

被告:肇事案件死亡与我无关

当原告代理人提出将邓"抬"出洗浴中心时,解老板很激动:"你把我这儿当避难所啦!"说罢便把手中的笔摔在桌上,并握紧拳头,同时发出"嘎,嘎"的声响。他称:"邓今强原来经常来洗浴中心消费,但每次消费后都不给钱。所以中心不欢迎他也在情理之中。"他表示,在得知邓喝酒后,曾劝阻其不要洗浴,以免发生危险,这本身就已经尽到了安全保障的义务;其次,洗浴中心在事发前后曾多次报警。解老板说:"邓的死为交通肇事,与洗浴中心没有直接关系。"

荀觅/文

(据2009年6月4日《北京晨报》)

>> 律师解读:

合理限度范围内的安全保障义务,是对被侵权人的一种保护

北京市赵晓鲁律师事务所刘强律师认为:

侵权行为是民事主体违反民事义务,侵害他人合法权益,依法应当承担民事责任的行为。行为人因过错侵害他人民事权益,应当承担侵权责任。

宾馆、商场、银行、车站、娱乐场所等公共场所的管理人或者群众性活动的组织者,未尽到安全保障义务,造成他人损害的,应当承担侵权责任。因第三人的行为造成他人损害的,由第三人承担侵权责任;管理人或者组织者未尽到安全保障义务的,承担相应的补充责任。被侵权人对损害的发生也有过错的,可以减轻侵权人的责任。

本案中,邓今强作为一名精神病患者,对于其死亡,存在三方责任主体:首

先，肇事司机对邓今强的死亡存在过错，是直接的责任人，应承担赔偿责任；其次，根据邓今强精神病的程度，其监护人未履行监护职责存在过错，对邓今强的死亡承担一定的责任；最后，洗浴中心是否应当承担赔偿义务，需判断两点，第一，洗浴中心对于邓今强是否存在安全保障义务，如果双方并未形成服务合同关系，且邓今强并非在洗浴中心的经营场所遭遇侵害，则洗浴中心并无安全保障义务；第二，洗浴中心对于邓今强的死亡是否存在过错及过错程度如何，如果存在过错，则洗浴中心应在其过错程度范围内承担赔偿责任，反之，则不应承担赔偿责任。

>> 律师提示：

宾馆、商场、银行、车站、娱乐场所等公共场所的管理人或者群众性活动的组织者有保护顾客安全的义务。安保义务是指从事经营活动或者其他社会活动的自然人、法人、其他组织应尽的合理限度范围内的安全保障义务。

合理限度范围内的安全保障义务，是对被侵权人的一种保护。明确了无论是经营者还是群众性活动的组织者，均应承担在合理限度范围内的安全保障义务。当出现违反安全保障义务的问题时，涉及的违反义务的相对方则应当承担与其过错相对应的侵权责任。